Internet
of Everything **for**
New
Industrial
Revolution

刘云浩———

著

从**互联**到
新工业革命

清华大学出版社
北京

内 容 简 介

本书通过回顾工业革命的历史，以别开生面的经典案例——吹响工业 4.0 时代号角的汉诺威小镇、工业互联网和工业 4.0 的异同、富士康如何从"血汗工厂"转型为智慧工厂、智能产品的波澜、谷歌神秘黑科技、亚马逊全自动化工厂，以及工业互联网的未来图景等，用浅显易懂的语言为读者一一细解新工业革命给我们带来的种种挑战和变革。

广大读者既可以把它看作一本科普性的趣味图书，也可以用它更系统地梳理自己的现有知识框架。它适合在这个变革的时代中对新事物充满好奇的每一个人阅读。

本书告诉读者，工业互联网的核心就是创新，而且这个创新所引发的绝不仅仅是一场新工业革命，而是为人类的生活创造前所未有的可量化的维度：创新将不再局限为一种有意识的努力，它将成为新时代赋予人类社会的本能。

图书在版编目(CIP)数据

从互联到新工业革命/刘云浩著. —北京：清华大学出版社，2017（2017.1 重印）
ISBN 978-7-302-45297-3

Ⅰ. ①从… Ⅱ. ①刘… Ⅲ. ①互联网络-应用-产业革命 Ⅳ. ①F419-39

中国版本图书馆 CIP 数据核字(2016)第 260860 号

责任编辑：张　民
封面设计：杨玉兰
责任校对：时翠兰
责任印制：杨　艳

出版发行：清华大学出版社
网　　址：http://www.tup.com.cn，http://www.wqbook.com
地　　址：北京清华大学学研大厦 A 座　　邮　编：100084
社总机：010-62770175　　邮　购：010-62786544
投稿与读者服务：010-62776969，c-service@tup.tsinghua.edu.cn
质量反馈：010-62772015，zhiliang@tup.tsinghua.edu.cn
课件下载：http://www.tup.com.cn，010-62795954
印装者：三河市中晟雅豪印务有限公司
经　　销：全国新华书店
开　　本：148mm×210mm　　印　张：5.75　　字　数：99 千字
版　　次：2017 年 1 月第 1 版　　印　次：2017 年 1 月第 3 次印刷
印　　数：13001～35000
定　　价：29.80 元

产品编号：072648-01

前　言

　　1685 年，按照古人出生就算一岁，过了年就两岁的习惯，45 周岁的蒲松龄已经结结实实地算是年近半百了。躺在病榻上，他已不敢计算自幼被誉为神童的自己是第多少次科举落第。还能再参加科举考试吗？心灰意冷的他开始每天在门口摆摊，半卧半躺，听路过或者慕名探访的人讲述奇闻异事。一年多以后，蒲松龄终于打起精神并站了起来，在大门贴上"年年失望年年望，事事难成事事成"，再次踏上科举征途。那个时候，他所不知道的是，今后还要历经的十几次科举考试他依旧名落孙山，有时失败的理由甚至让人难以理解：卷面格式不对、抄写违规……似乎霉运总是环绕着这位几百年一出的奇才。但是他一直力争保持每天听人讲故事的习惯，持续了 20 多年。他把听过的故事加以整理和润色，并经过了大量的再创作，终于在 76 岁离世之前留下一本旷世"闲书"——

《聊斋志异》。

这本"闲书"使他成为清朝文学史上与曹雪芹齐名的人物，远远超过那些中进士的同辈。而他这本"闲书"的创作方法，也是今天的互联网所带给我们的巨大创新红利——Crowdsourcing（目前尚无准确的中文对应词，可以称为群智或者众包）。

创新需要红利吗？需要，太需要了，因为，创新太难了！不是每次与前人不同的做法都能被称作"创新"，那些碰得头破血流的尝试往往被称为"乱搞"或"没经验"。但正是那些凤毛麟角的有效的"突发奇想"，推动着人类社会从原始部落发展到农耕文明，从第一次工业革命又走到今天。

但是在我们刚刚经历的三次工业革命历程中，往往也只有专家们才有话语权，才有可能把他们的突发奇想变成现实；大多数人，也许在泡澡、锻炼或者睡前"思考人生"的时候会突然感觉自己想到了些什么，不过睡一觉就忘了——牛顿和莱布尼茨能为微积分的发明权争上一争，换作普通人，也许连发声的机会都没有。

可是，到了互联网时代，一切有了新的变化。不懂编程的乔布斯能发明出风靡全球的 iPhone（被誉为 Re-invention of the Cell Phone，手机二次发明），开启了移动互联网时代；程序员出身的马斯克能够跨界金融、汽车和航天三大"毫无关系"的领域；电子商务起家的亚马逊推出了改变人们阅读习惯的电子书 Kindle；明明是搞搜索引擎的 Google 却不断用自动驾驶汽车、热气球和智能眼镜等刷新我们的三观……越来越多可以改变世界的想法来源于本行业之外，"改变世界"将不拘囿于你是谁、来自哪里、做什么工作——而在于你是否有好的 idea！为什么？因为来到了互联网时代。以前，让想法能够落到合适平台上的难度甚至超过《廊桥遗梦》中弗朗西斯卡和罗伯特在曼迪逊桥畔邂逅的难度（是的，创新的实现比遭遇浪漫还难）。而现在，互联网就像一个自动播种机，把散落各地的种子填到它们应属的坑里，只要种子好，就一定能开花结果。把灵光一现的想法发布在网络上，就有机会"拉帮结派"，找一群"兴味相投"的人一起把想象变成现实（例如众筹网站）；虽然我们会受到自身专业知识的限制，但网络上存在着大量各个领域的行家，有力的出力，有钱的出钱，有地方的出地方（孵化器），"一切皆有可能"。

　　人类学会使用工具，用了几千年；工业革命把农民从土地中解放出来，用了几百年；互联网时代大门的开启只用了短短几十年；而今天的社会在大数据、物联网和云计算的推动下，更是几年就来一个大变样……人类觉得力不从心了吗？觉得"赶不上趟"了吗？现在看来，似乎并不是由一两个标志性的发明引领社会的前进，而是因社会的前进推动着层出不穷的新事物的产生。这只"看不见的手"，曾经被归功于雷公电母，又逐渐转移到精英阶级，最后落回了大众手中，神奇的事物——被酝酿出来，非专业领域的专业智慧崭露头角。

我在课堂上和同学们分享这些感受之后，得到很多同学的热情反馈，使我觉得应该把这些体会分享给更多的人。仔细思考后，我决定写一本薄而通俗的书，一本不是专注于学术研究，而是更多专注于对互联时代与新工业革命大潮的理解与体会的书。从 2000 年到今天，我们团队这 16 年来一直围绕物联网、无线传感网和云计算做研究，从南到北，从地下煤矿到航空，从陆地到海洋，从山林到城市，其中既有难以历数的艰辛，也充满不可名状的探索未知的喜悦。我跟团队成员说了写这样一本书的想法之后，大家都很积极，在吴陈沭博士的带领下，我们清华大学软件学院的博士生尹祖伟、钱堃、郑月、刘慈航，硕士生肖贺、金语泽、辛晓哲、杨超凡等同学纷纷提供了在新工业革命浪潮下，对他们自己重点思考和擅长的小领域的许多看法供我参考。于是我就开始了本书的写作，一边写一边和吴陈沭、钱堃、尹祖伟三个人讨论。写作过程本身也是一次再理解的过程。为了提高书的易读性，我选了网上一些有意思的图，也有一些是我设计的。必须感谢硕士生刘桐彤、王常旭、肖贺和金语泽的协助，把这些图以工科视角进行了美化。此外还要特别感谢清华大学新闻学院的硕士生刘稚亚，她的加入不仅提升了本书贡献者们的平均颜值和平均健美度，还为本书的文字提供了很多修订意见，大为提高了可读性。

感谢清华大学出版社派出了强大阵容，在本书的编辑、出版和发行等各个环节均给予了大力支持，尤其是本书的责任编辑张民师妹，不断与我探讨书的定位等诸多细节，为提高本书的整体质量提供了许多帮助，在此一并表示感谢。

本书的写作使得原本就很忙碌的工作计划雪上加霜，之所以能坚持下来，与家人的支持密不可分。我想借此机会感谢瑶老师多次和我进行的关于新工业革命的有益的探讨，还有家里的两个小朋友 Cherry 和 Walter，总是在夸我是特别聪明的人之后，又突然抛出来一些令我瞠目结舌的问题。这些探讨和问题，经常从不同视角给我提供了探寻谜底的源泉和思路。

客心已百念，
孤游重千里。
江暗雨欲来，
浪白风初起。

刘云浩

2016 年 10 月于清华园

V

目 录

第六章　你能想象十年后的生活吗　/　131

> 不管是无人机还是自动驾驶，不管是口袋医生
> 还是共享单车，技术的进步正在改变人类的认知方
> 式。那么，是我们推动了科技，还是科技在改变
> 我们？

结语　开启智慧的革命　/　155

INTERNET OF EVERYTHING
FOR NEW INDUSTRIAL REVOLUTION

导　言

登上物联网的小船

　　如果要评选工业革命发展史上那些最伟大的年代，有三个时期是一定要入选的。首先是 1769 年，瓦特制造出第一台真正意义上的蒸汽机。其次是 1869 年，世界上第一条流水生产线的应用，使人类正式进入了分工明确、大批量生产的"电气时代"，电能被广泛应用于生产过程当中。这个诞生在美国辛辛那提市的流水线是由一家屠宰场打造出来的，比广为人知的福特汽车流水生产线早了 44 年。第三个时期是自 1969 年开启的电子信息技术年代，典型代表是第一台可编程逻辑控制器（PLC，可以简单理解为工业上用于控制生产线的计算机）Modicon 084 的问世。

　　从此，信息技术把人类引上了互联网的"奇幻之路"，短短四十多年，人类社会发生了翻天覆地的变化。互联网真正的成就在于通过一个简洁的协议（TCP/IP）使得人与人之间可以不受时间和空间限制进行交互。如果把时间看作宇宙中的"第四维"，互联网简直就是地球上人与人之间的"虫洞"。

　　随后，这三个以一百年为跨度的特殊时期被后人总结，并提炼成了我们今天熟知的"工业 1.0"、"工业 2.0"和"工业 3.0"时代。

　　今天再谈论起工业 1.0、2.0 和 3.0 的时代，我们心中更多的是对那段光辉岁月的怀旧和祭奠。而根据取名字的连续性，我们似乎很快或者已经迎来了工业 4.0 时代（或者称为"第四次工业革命"）。新一轮工业革命是否正在发生，是无法妄断的。但以史为鉴，过去的每一次工业革命，从开始到结束都经历了几十年，因此无论接下来这一波浪潮是否最终被定义为第四次工业革命，我们都完全有理由相信，一场深刻的技术变革正在发生，而我们正处在这场变革的开端。

在这场变革到来之际，不得不先提一下物联网：这是一个看似简单实则难解的概念。有人说，物联网从诞生之际，就像一个欲拒还迎的神秘女郎，戴着一层薄薄的面纱，我们天天与她相见，却始终无法猜透她的内心。1998 年物联网被初次提及，起先并不受什么关注，然而就是这么一个不起眼的理论，却能曲径通幽，渐渐地落英缤纷，乱花迷眼。如果说传统的互联网用户浏览网站时靠的是点击按钮，从一个页面跳转到另一个页面，有意识地跟网站发生交互行为之后留下行为信息，那么物联网就是在用户还没意识到的情况下完成信息的互换，也许这才是马克·维瑟（Mark Weiser）在 1988 年提出的不可见计算（Invisible Computing）的真正内涵。今天，我们的现代文明，从智能家居、电子医疗、车载控制到智慧城市、物流运输、工业自动化……几乎没有哪个领域不涉及物联网。但物联网究竟能带给我们什么，能颠覆哪些领域，这个问题依然难以简单地回答。

物联网的概念是如此地具有革命性，乃至它默默等待了20年，就是为了让技术的脚步跟得上它的步伐。就像卷积神经网络作为深度学习算法的一个分支在 20 世纪 60 年代就已出现，但是人工智能领域对此的应用却是这两年才吸引大众眼球，真正作为标志性产物的事件则是一场被称为"人狗"之战的围棋对决[①]。同理，物联网被赋予的力量也足够带领人类走向一个新的纪元——工业 4.0 时代，但是，这背后真正的推手是什么？

想想这样一个场景：某天的清晨，你从长长的睡梦中醒来，窗帘自动拉开，安全系统关闭，咖啡机开始煮你爱喝的日晒耶加雪菲。电视机打开，播放的是你感兴趣的节目，同时冰箱提醒牛奶还有一天就要过期。在工业 4.0 的世界，到处都充满了隐形的按钮，当用户改变自身状态或者进入某一特定场景便会自动触发相应的按钮。小到手表、信用卡，大到汽车、道路甚至整个城市，它们都能感知人类的行为并作出相应的举动。

---

① 2016 年 3 月，Google 开发的围棋人工智能程序 AlphaGO（被网友戏称为"阿尔法狗"）与世界围棋冠军、职业九段选手李世石进行人机大战，最终 AlphaGO 以 4∶1 获胜。

在这个伟大时代到来之际，让我们搭乘物联网的小船，摇曳在工业 4.0 的大海上，看看这深不可测的大海到底会给我们带来什么样的惊喜吧。也许在浪花击打和摇摇晃晃之中你还会感到恐惧或者震惊，但是只要抓紧船身就好——物联网的小船岂是说翻就翻的？

INTERNET OF EVERYTHING
FOR NEW INDUSTRIAL REVOLUTION

第一章

工业4.0的"网红"养成之路

1769年，蒸汽机出现；1869年，电气动力开始取代蒸汽动力；1969年，互联网登场……历史的发展看起来正遵循着某种神秘的规律，下一个转折点会是当下的网红"工业4.0"吗？

> 机器的生产方式是现代工业最本质的特征。

——保尔·拉法格（1842—1911），
法国工人运动活动家

1769，1869，1969······

相比于很多年份，1769 年实在是卷帙浩繁的世界历史中毫不起眼的一年，值得一提的大事屈指可数：法兰西第一帝国缔造者拿破仑·波拿巴（Napoléon Bonaparte）出生在科西嘉岛；千里之外，自撰墓志铭"美国《独立宣言》和弗吉尼亚宗教自由法的执笔人、弗吉尼亚大学之父"的美国第三任总统托马斯·杰斐逊（Thomas Jefferson）当选弗吉尼亚议员，从此走上政治舞台；这一年是中国农历己丑年，乾隆皇帝在"争取做中国历史上掌权时间最长的皇帝"的伟大征程上已经健康工作了 34 年······

然而，在人类科技史上，1769 年是无论如何都绕不开的一年。这一年 1 月，英国人詹姆斯·瓦特（James von Breda Watt）发明分离式冷凝器，取得了其关于蒸汽机的第一项专利，并制造出第一台真正意义上（但还非实用意义上）的蒸汽机。由此，以蒸汽机为动力的机械生产带来了第一次工业革命，人类社会开始从手工劳动向机械生产迈进，一个崭新的工业时代在蒸汽机的隆隆巨响中开启。

100 年之后的 1869 年，传送带方式的流水生产线开始在美国辛辛那提（Cincinnati）一家屠宰厂使用，这比著名的福特汽车流水生产线早了 44 年。往前追寻 3 年，德国西门子公司制成了人类第一台交流发电机。随后电器开始取代机器，电气动力取代蒸汽动力，再加上流水生产线带来的劳动分工，以电气化为主要标志的第二次工业革命开始促进大规模生产，社会面貌随之发生了翻天覆地的变化，西方先进、东方落后的世界格局逐渐确立。

200 年之后的 1969 年，世界上第一块可编程逻辑控制器 Modicon 084 问世，这标志着继蒸汽技术革命和电气技术革命之后人类科技文明的又一次腾飞。电子和信息技术的发明与应用导致了产品和生产的高度自动化，这就是自 20 世纪四五十年代开始迄今已持续半个多世纪的第三次工业革命。这次工业革命规模巨大，影响深远，将人类带入史无前例的信息化时代。图 1-1 显示了历次工业革命的进程。

同样在 1969 年，还发生了一件划时代的事件。

那时，冷战的阴云还笼罩着全世界。东西方阵营都对彼

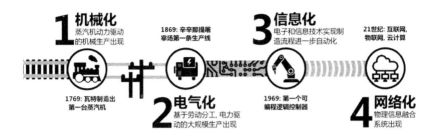

图 1-1 历次工业革命

此的发展心存戒惧，华盛顿方甚至担心苏联会不会从北极绕道空袭美国本土。这份担心并非空穴来风：1957 年 10 月 4 日，苏联发射了第一颗人造地球卫星 Sputnik-1，这颗卫星重约 80kg，差不多每天都要在美国人的头顶上飞过一次。

在此插个题外话，当时同样身处社会主义阵营中的毛泽东主席在一次公开场合火上浇油道："美国人有什么了不起？苏联老大哥把人造地球卫星抛上了天，美国人哪怕抛个山药蛋上去给我看看。"

虽然不知道山药蛋长什么样，但是每天出门散步仰望天空时都会像吃了苍蝇一样堵得难受的时任美国总统埃森豪威尔正式向国会提出要建立国防高级研究计划署 DARPA（Defense Advanced Research Projects Agency，这个机构在开始的时候也经常被称为 ARPA），希望通过这个机构的努力，确保不再发生毫无准备地看着苏联的卫星上天这种让美国人尴尬的事。

他说，"我今天并不打算对危险的军备竞赛做出判断。然而，有一件事是非常清楚的——不管他们现在怎样，美国必须对他们喊停。"

反正当时的美国最不缺的就是钱。

国会给 DARPA 的开张贺礼是 520 万美元的拨款，2 亿美元的项目总预算。当时把 2 亿美元花在国防上是什么概念呢？同一时期，欧洲普遍正在战后重建，食品定量供给，而中国正处于"大跃进"时代……

美国人认真起来连自己都怕，没过几年，全球第一个包交换（packet switch）网络——美国高级研究计划署网络（ARPANET，Advanced Research Projects Agency Network，音译为阿帕网）诞生了，其第一条稳定连接于 1969 年 11 月 21 日建立，两周后包含 4 个节点的阿帕网雏形建成。

说到阿帕网，很多人都还比较陌生。阿帕网就是全球互联网（Internet）的始祖，后来被称为互联网之父并获得图灵奖①的文顿·瑟夫（Vinton Cerf）等人都曾参与了阿帕网的研

---

① 图灵奖（ACM Turing Award）是国际计算机学会（ACM）于 1966 年设立的奖项，专门奖励对计算机事业作出重要贡献的个人。其名称取自计算机科学的先驱、英国科学家艾伦·图灵（Alan M·Turing），这个奖的设立目的之一是纪念这位现代计算机科学的奠基者。获奖者必须在计算机领域做出持久而重大的先进性的技术贡献。图灵奖是计算机界最负盛名的奖项，有"计算机界诺贝尔奖"之称。

发设计（图 1-2）。

图 1-2　1994 年庆祝阿帕网建成 25 周年（从左到右：
Jon Postel, Steve Crocker, Vinton Cerf）

阿帕网诞生之后，应用范围并不广泛，主要是由于当时大部分计算机还互不兼容。于是，如何在软件和硬件不同的计算机之间实现互联成为当时人们追求的目标。1974 年，文顿·瑟夫和同事正式发表了第一份 TCP 协议的详细说明。在这份"互联网实验报告"中，他们提出了"传输控制协议"（TCP）和"网络间协议"（IP，Internet Protocol），也就是我们沿用至今的互联网发展的基石——TCP/IP 网络协议。"万物互联"的时代从此拉开了序幕。

今天，互联网在生产生活中的意义之重大、影响之深远不言而喻，不妨用网上流行的一个笑话来描述（请注意我是多么自然地用"网上"流行的事物来举例佐证）：

——"你觉得 Wi-Fi 到底对人体有没有伤害呢？"

——"我觉得肯定有啊，一旦没有 Wi-Fi 就浑身都不舒服。"

"枯藤老树昏鸦，晚饭有鱼有虾，空调 Wi-Fi 西瓜，葛优同款沙发。"——互联网几乎成为与人们衣食住行同样不可或缺的必需品。比如手机，尽管我们依然用它来打电话，但这几乎已是最不被在意的功能，上网才是我们使用它的主要目的（乔布斯主导推出的真正意义的上网智能手机 iPhone 被誉为 Re-Invention of the Cellphone，即手机的二次发明）。对于今天我们所热烈讨论的工业 4.0、工业互联网甚至由此可能带来的新工业革命，如果非要说有一个奠定基础的"幕后推手"的话，则非互联网莫属。无论是德国所提出的"工业4.0"战略还是美国所倡导的"工业互联网"的说法，本质上都是要将"互联网革命"的果实融合到"工业革命"的成果之中。

上面的三个年份隐藏着很容易发现的数学规律，有心的读者可以自行推导。如若按照上述历史的进程，下一次工业革命怎么也得发生在 2069 年前后才能不伤害"数字美感强迫症患者"。但是如果真的这样，历史未免也过于乏味了。况且

根据计算机领域的金科玉律——摩尔定律，事物的发展也确实是越来越快的。从人类社会生产力的发展来看，1800 年以前，西方经济人均收入翻一番需要花费 800 年；而得益于大约两百年前发生的工业革命，在之后的 150 年里已足足增长了 13 倍。

实际上，完全等不到 2069 年，距第一次工业革命 247 年之后的今天，新工业革命之势已经如隐隐的春雷，如微现的晨曦，或许听不明，或许看不清，但分明已经可以确切地感受到了。

天佑的工业小镇

集成电路上可容纳的电晶体（晶体管）数目约每 18 个月便会增加一倍。

——戈登·摩尔（Gordon Earle Moore，1929—），
英特尔公司联合创始人①

---

① 1975 年，摩尔在 IEEE 国际电子组件大会上提交了一篇论文，根据当时的实际情况对摩尔定律进行了修正，把"每年增加一倍"改为"每两年增加一倍"，而现在普遍流行的说法是"每 18 个月增加一倍"。但 1997 年 9 月，摩尔在接受一次采访时声明，他从来没有说过"每 18 个月增加一倍"，而且 SEMATECH 路线图跟随 24 个月的周期。

历史走到了新的转折点，大家都在说，新一轮工业革命即将来袭。

　　通常，所谓"革命"，抑或任何其他历史事件，都应该是后人书写赋予的，有些甚至是事后许多年才有定论。因此，第四次工业革命是否正在发生，严格地讲，是谁也无法妄断的。但正如《权力的游戏》中反复被提及的谶语般的台词"凛冬将至"（Winter is coming）一样，当大家都在这么说的时候，我们是可以大胆期待同时细心准备迎接未来的。事实上，历史上的每一次工业革命从开始到结束都经历了几十年的时间。因此无论接下来这一波浪潮是否最终被定义为第四次工业革命，我们都完全有理由相信，一场深刻的技术变革正在发生，而我们正处在这场变革的开端！

　　的确，近年来全球工业正处在这一场公认的重大技术变革之中，各国政府和工业界也在致力于研究、制定和实施各自的应对之道，以确保若干年后能立于不败之地。关于这一场变革，德国称之为"工业4.0"，美国称之为"工业互联网"，我国政府则提出"中国制造2025"，"从中国制造到中国智造"。此外类似的概念还有荷兰的"智能工厂"、英国的"高价值制造业"、法国的"未来工厂"等。这些内涵尚不十分明确的概念"忽如一夜春风"般充满了全世界，各国政要、各类机构、各方民众，无不在纷纷畅想和谈论未来制造业的景象。人类历史上从未有任何时候像今天这样信息透明到全球可以共同讨论未来。新工业革命已经扑面而来，势不可当！

信息之所以如此透明，其根本就在于互联网这一关键推手和核心要素，使得人类的知识网络化，从而能够展开对这样一场未知的变革进行透明、透彻的探讨。如果第四次工业革命真的如期而至，那么，这将是人类历史上光辉灿烂的一笔：

人类第一次成功地在事前预测了一次革命，而不是像以往一样事后才意识到是一场革命。

革命的破冰号角首先在德国汉诺威（Hannover）吹响。

汉诺威是莱纳河畔的一座小镇，它原来的名字 Honovere 翻译过来就是"高高的河岸"。曾经，这只是一个渔夫和摆渡者生活的小村庄，之后迅速成长为小市场聚落，而后取得城市权，并卖给了韦尔夫家族。1866 年被普鲁士吞并后开始迅速工业化，新城区新工厂的建成使其成为重要的交通枢纽。然而第二次世界大战以后，整个城市的三分之二被轰炸成为废墟，战后的汉诺威彻底被打成白痴，工业体系全毁，因此决定从"展会城市"这一定位开始重建。

1947 年 8 月 16 日，汉诺威展览公司以 120 万马克资金注册成立。在残垣断壁、缺少基本吃穿用度且经济颓丧的幽灵徘徊不去的情况下，1947 年 8 月 18 日—9 月 7 日举办的展览会可谓是"破釜沉舟"之举。一方面，"德国制造"需要得到外界认可和大量出口；另一方面，汉诺威市政府也要让企业家、工人和政治家看到经济的复苏，给他们打一针强心剂。

不得不说，这管"鸡血"起到了巨大的作用。几乎所有人在此前都怀疑汉诺威无法与被称为"博览会之城"的莱比锡相比。出人意料的是，这次展会不仅圆满成功，而且获得了爆炸性的成效。作为一次临危举办的展览，我们不妨看看其令人颤抖的数据：在 21 天的展期中，来自总计 53 个国家的736 000 名观众参观了展会，1300 家参展商在总计 3 万平方米的展馆内展出了他们的产品，签订的订单及商业合约多达1934 份，合计金额 3160 万美元左右。

3160 万美元在当时是什么概念呢？根据"马歇尔计划"，1948—1949 年，德国总共从美国获得资金援助 5.1 亿美元——3160 万美元可以重建 1/16 个德国。

第一届"工业博览会"之后，汉诺威一鼓作气，在接下来的几年里上演了一部部"逆袭"传奇，汉诺威工业博览会逐步成为德国经济奇迹的标志：1948 年，第一个电话通信在展览会和纽约之间建立；1950 年，拥有了第一个国外展商参展，并更名为"德国工业博览会"（Deutsche Industrie-Messe）；1961

年，官方正式采用 "汉诺威工业博览会" （Hannover-Messe）
这一名称，将其迅速打造为国际技术和工业的交流平台；
1986 年，CeBIT 信息及通信技术博览会从汉诺威工业博览会
中分出，自此这两个展会都成为展览界的旗舰和新风尚的开
创者。今天，汉诺威已成为世界最著名的会展城市之一，每
年的展览都会吸引全球超过 250 万的观众前往参观，参展商
超过 25 000 家，净展出面积达到 160 多万平方米，仅汉诺威
工业博览会的展出面积就超过 40 万平方米。

汉诺威工业博览会的巨大成功如有神助，以致人们深信
其必有希腊神话中主管集市与交易的赫尔墨斯神相助，因此
德国汉诺威展览公司以赫尔墨斯的侧头像作为公司的标志
（图 1-3），直到今天。

如今，汉诺威的繁华程度从几年前的一则新闻中可以略
窥一二。

2011 年新年的前几天，汉诺威市长亲自对睡在商店、超
市走廊里的流浪汉进行慰问，并向他们派发新年红包。

在摄像头前，这个刚上任不久，还在巩固人心阶段的市
长问一名流浪汉："你最需要什么？我们一定尽力满足你。"

流浪汉很不耐烦地说："你们每年都带着记者问同样的问
题，但是我们最需要的不是面包、棉被和关心，而是安宁！
夜晚睡觉时，不会被没完没了大大小小的汽车喇叭声吵得难

图 1-3　赫尔墨斯神作为汉诺威工业博览会的 LOGO

以入眠，我渴望只有星光在头顶上的宁静夜色。"

　　且不说这个流浪汉当时是否被第欧根尼附体，但是相比于数量众多的一过晚上十点就街上没人的欧洲其他城市，汉诺威确实当之无愧为"工业会展第一城"。

　　工业 4.0 的概念诞生于此，也就不足为奇了。

工业 4.0 三教父

天时地利,"工业 4.0"这颗闪亮的新星已经呼之欲出。那么,这个即将颠覆整个工业界的概念最终花落谁家?

历史再一次证明了学霸的重要性:三位均拥有博士头衔的教授——孔翰宁(Henning Kagermann)、沃夫冈·瓦尔斯特(Wolfgang Wahlster)和沃尔夫迪特尔·卢卡斯(Wolf-Dieter Lukas)于 2011 年在汉诺威博览会首次提出了"工业 4.0"的倡议——《物联网与工业 4.0 革命》,并由此被誉为"工业 4.0 三教父"(图 1-4)。

图 1-4 Wolfgang Wahlster(左)、Henning Kagermann(中)、Wolf-Dieter Lukas(右)三位教授在汉诺威工业博览会上提出"工业 4.0"(图片:Acatech/Steffen Weigelt)

三人中最为大众熟悉的当属 Henning Kagermann，他甚至有个很对得起我国读者的中文名叫孔翰宁。当然，相比于他的名字，更令人印象深刻的恐怕是他那一头"怒发冲冠"的爱因斯坦式卷发。事实上，孔翰宁也的确是一位科班出身的物理学家。1975 年，孔翰宁在德国第一所工业大学——布伦瑞克工业大学获得理论物理博士学位（在此两百年之前的 1777 年，人类科学史上最闪耀的明星之一——卡尔·弗里德里希·高斯就出生于布伦瑞克，并且于 1792—1795 年在这所大学上学）。之后孔翰宁博士顺利取得教职，并在 5 年后成为布伦瑞克工业大学的物理和计算机教授。如果不出意外，孔翰宁教授接下来的人生应该是教学科研双肩挑，发论文做项目两不误，最后桃李满天下光荣退休。

然而，1982 年，35 岁的优秀青年孔翰宁被 SAP① 联合创始人哈索·普拉特纳（Hasso Plattner）相中，从此开启了在 SAP 的截然不同的彪悍人生。孔翰宁从一进入 SAP 开始就几乎是被作为接班人角色培养，10 年不到就进入公司董事会，刚过知天命之年成为联席 CEO，2003 年起更是独掌 CEO 大

---

① SAP 公司是欧洲最大的软件企业，总部设于德国沃尔多夫。SAP 有三个主要业务部门：商业软件（如 ERP）开发，信息技术咨询和培训。SAP 的全称是 Systems Applications and Products in Data Processing，同时也是 SAP 公司的产品——企业管理解决方案的软件名称。

权——至此，他跻身于布伦瑞克工业大学杰出校友之列，常常和该校最著名的毕业生高斯同学排列在一起。

2009 年从 SAP 光荣退休，年过花甲的孔翰宁并没有立刻去享受含饴弄孙乐享天年的生活，而是走马上任德国国家科学和工程院（acatech）院长，两年后和另外两位兄弟一起提出了工业 4.0 的倡议，再度为他一帆风顺的学霸生涯添砖加瓦。

与孔翰宁类似，Wolfgang Wahlster 也是位"怒发冲'光'"的教授。不过与孔翰宁相比，Wahlster 教授是位"专一"得多的学者，这一点从他的个人履历上可以窥见。他上学时对德国汉堡大学情有独钟，在那里从计算机本科一直念到博士毕业，是纯正的"三堡"人士；毕业后很快拿到了萨尔兰大学（Saarland University）的教职，并在那里醉心研究，从一而终至今不动摇。期间甚至还无情拒绝了卡尔斯鲁厄大学以及他的母校汉堡大学的正教授职位；自 1988 年德国人工智能研究中心（DFKI）成立以来，Wahlster 教授就担任科学总监，八年后升任中心主任和 CEO，之后又坚守岗位至今不动摇。不过 Wahlster 教授绝不是呆板无趣的"工科男"，他不仅把自己的这些经历详细列在个人主页上，还精心点缀了一番自己的空间：贴满了其在不同场合的大头照，憨萌指数爆表。

Wahlster 教授专注人工智能和物联网领域几十年，学术造诣颇深，出版过 14 部学术书刊，可谓著作等身。他在全球范围内也名望颇高，在美国、日本、新加坡、意大利、比利时和捷克等国家的科研机构均有顾问委员会委员等学术兼职。凭借如此精深的计算机科学积累和全球化的视野，也就难怪 Wahlster 教授能够看到未来工业的核心就在于信息物理系统（Cyber Physical System，CPS）——这正是工业 4.0 秘籍的首要秘诀。

Wolf-Dieter Lukas 教授同样拥有物理学博士学位。不过 Lukas 虽也被称为教授（柏林工业大学名誉教授），但其从政热情甚过前两位同僚。Lukas 是德国联邦教育与研究部（BMBF）的四朝元老，早年跟随老部长 Jürgen Rüttgers 出台了德国第一部互联网法律条例。2005 年，前任部长 Edelgard Bulmahn 在离任前夕将其提拔为联邦教育部八大司之一的关键技术司司长，负责关键创新技术研究——正是在这一职位上，Lukas 与上面两位教授一起联手打造了"工业 4.0"概念。

所以，现如今各大媒体里常说的"三位德国教授"，就是以上提及的全球最大的商业解决方案供应商 SAP 曾经的一把手、时任德国国家科学与工程院院长的 Henning Kagermann，为人工智能和物联网奉献一生的计算机教授 Wolfgang Wahlster，德国联邦教育和研究部的高级官员 Wolf-Dieter Lukas。不难发现，尽管"工业 4.0"的初次亮相来自三位拥有教授头衔的"好基友",但其"产官学"属性是与生俱来的,在酝酿之初就早已注定。所以到 2012 年,"工业 4.0"羽翼一丰满,就飞离三位"教父"之手,转而由德国工程院、弗劳恩霍夫协会、西门子公司等德国学术界和产业界接手,组成了工业 4.0 工作小组,并于当年 10 月向德国总理默克尔提交了未来计划"工业 4.0"报告草案。该草案被德国联邦政府纳为《高技术战略 2020》的核心部分,获得政府投资 2 亿欧元,默克尔还亲自为此站台。2013 年 4 月的汉诺威工业博览会上,由"产官学"组成的德国"工业 4.0 工作组"发表了《德国工业 4.0 战略计划实施建议》,正式公布了工业 4.0 的说法。自此,这一概念不仅上升为德国国家战略和国家法律,在很短时间内得到来自政府、企业、协会、研究院所的广泛认同,还迅速地冲出德国,走向世界,面向未来。

全世界仿佛都如梦初醒了。

世界各地的厂商都开始不约而同争先恐后地宣示他们的产品符合所谓"工业 4.0"的理念,似乎各条生产线都在为工业 4.0 储备多年蓄势待发。颇令人感慨的是,150 年前在第二次工业革命中制成世界上第一台发电机的西门子公司,在 150 年后的工业 4.0 战略计划中依然扮演着主导角色。一时间,街头巷尾的咖啡店里,白天黑夜的创业沙龙中,"指点江山"的微博、微信朋友圈上,人们热烈地议论工业的未来和物联网的前景，全世界的空气都充满了走进新时代的气氛。

今天，在汉诺威打响"革命第一枪"的工业 4.0 概念已经在全球范围内渐成燎原之势。这不禁让我们想起六年前（指 2007 年）的汉诺威工业博览会，当时主办方想增加一场 IT-based Service 主题展，竟被业界一致看衰，最后落得了撤展的下场……可见，即使是科学技术的发展，有时候也难免和股市一样变幻莫测，起伏跌宕。就像最先提出狭义相对论的法国大数学家亨利·庞加莱（Jules Henri Poincaré，1854—1912），早在 1897 年，他就发表了有关狭义相对论的文章 *The Relativity of Space*（《空间的相对性》）。1898 年，庞加莱又发表《时间的测量》一文，提出了光速不变性假设。然而在当时并没有引起业界足够的重视，随着爱因斯坦（Albert Einstein，1879—1955）的 $E = MC^2$ 以及随后闵可夫斯基时空模型的诞生，狭义相对论才逐渐被人们所接受，并进入大众的视线。

历史的进步总是一波三折。如今，作为"网红"的工业 4.0 其实只是在正确的时间选择了正确的平台，是天时地利人和的共同结果。

这同时也说明了，新一波以网络为核心的工业升级浪潮实是大势所趋，即使不是"工业 4.0"，也会有"工业 X"或"工业 ++"等出现，并成为"浪尖风口上起飞的那头猪"。

INTERNET OF EVERYTHING
FOR NEW INDUSTRIAL REVOLUTION

第二章

当汉诺威遇到波士顿

德国的工业化道路就像他们的虎式坦克般稳重，美国的工业化道路却另辟蹊径从互联网入手。作为后起之秀的中国该如何站队？

为什么叫"工业 4.0"？我们不妨先隔着面纱望文生义一下。提起"工业"，一般人脑海中会立刻浮现出哐当作响的沉重机器、腻满设备的厚重油脂、烟雾滚滚的巨大锅炉、汗如雨下戴着安全帽的工人等景象。而谈起"4.0"，大概会想起蓝牙 4.0、安卓 4.0 以及类似的 Web 2.0、HTML 5 等信息技术的版本，脑洞大一点的话恐怕还会想起梦魇般的"404 Not Found"，"程序猿"一般会想起 NET 4.0，"学生党"则会想起学业平均绩点（GPA）以及那些绩点 4.0 的学霸学神们。如果把"工业"和"4.0"这两个词放在一起抓周，父母们多半会倾向于后者——大家对"工业"的认识都是相似的，而对"4.0"的理解则各有各的不同。

布局——德国虎式出动

德国却机智地选择了两个词一起抓。这两个品性截然不同且看似毫不相关的词组合在一起，顿时营造出一种极其时髦热辣的效果。而且，"工业 4.0"这个组合名词自身就透着浓浓的数字时代气息——在这个看脸的时代里，数字往往比文字更别具一格，符号往往比文字更引人注目。巧借这个应景而且时代烙印鲜明的名头，工业 4.0 成功地将人们从机器、油脂等制造工业的陈旧印象中春风化雨般地带到了软件、互联网等信息技术的摩登时代,当真是极其漂亮的营销概念!事实也证明,这个概念一提出,就受到各行各业以及政府部门的关注和讨论。

揭开神秘面纱,这个优雅漂亮的名字背后隐藏的究竟是什么?

众所周知,德国是全球制造业中最具竞争力的国家之一,其装备制造行业全球领先。这是德国在创新制造技术方面的研究、开发和生产,以及在复杂工业过程管理方面高度专业化使然。

所以德国敢于提出工业 4.0 其实也是基于其独特优势。有一次一位很关心我的老先生半开玩笑地问我:"云浩,你以前常说物联网在工业中的应用有多重要,怎么就不能提个工业 4.0 的概念出来?"为什么不是咱中国人提出来?当然首先我也未必提得出来,但是其次也要正视现实。打个比方,中国人提出乒乓球 4.0 了,估计有不少人信服;但是中国足协如果发布一个足球 4.0,可能全世界都笑了。

官方对工业 4.0 的解释是,"工业 4.0 包括将信息物理系统(Cyber Physical System,CPS)技术一体化应用于制造业和物流行业,以及在工业生产过程中使用物联网和服务技术"。

这种一体化的充分融合,从横向来看,能实现价值链上企业间的集成；从纵向来看，能实现网络化制造系统的集成。此外，端对端的工程数字化集成也有助于打造工业产品和服务全面交叉渗透的"智能工厂"和"智能生产"，从而**推进生产或服务模式由集中式控制向分散式控制转变**，实现高度灵活的个性化和数字化生产及服务，最终使生产更智能，更高效，更快速，更经济。图 2-1 为工业 4.0 的智能工厂示意图。

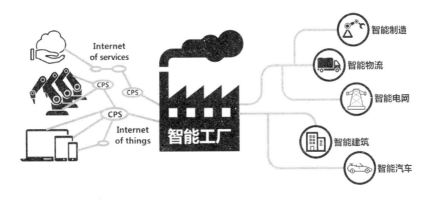

图 2-1　工业 4.0 的智能工厂

我知道上面说的有点绕，没关系，我们举个例子。

假设你现在出门买鞋。刚走进鞋店，你的数据就被采集并分析出来：你喜欢踢足球，运动频率一周三次左右，右脚踝受过伤，所以需要额外做得更柔软些……接着你选择好鞋带的样式、鞋面的颜色，印上你喜欢的图形或文字，很快，一双为你量身定制的鞋子就被 3D 打印出来了。

穿上新鞋，你打算去理发。工业 4.0 世界中的理发店里早已见不到穿着紧身裤、留着杀马特发型、洗头的时候问你要什么价位洗发水的 Kevin 老师（理发师）了，取而代之的是智能理发机——一坐上去，它就会根据你的身高、年龄、肤色、脸型和穿衣风格给你推荐一款最适合你的发型，当然你也可以无视它的这些建议，自主选择不同的颜色和样式，一切就像在玩"模拟人生"。

理完发，你想起出门前答应儿子要给他的乐高买几个配件——这样可以使他的超级英雄看起来更酷；而你的小女儿则要求你给她的玩具屋加一个家用健身房——最近她痴迷养成游戏，并把她的"模拟屋"建成了现代职业女性的风格，需要健身房和家庭影院。

玩具家具和玩具配件的可选种类向来少得可怜（而且还必须满足孩子们的审美，虽然你一直抱怨这种审美是遗传自他们的妈妈），但是这在工业 4.0 的世界里完全不是问题。你来到了玩具店，先从门口的电子屏中选择玩具的风格类型——从洛可可风格到星际迷航样式应有尽有，点击即可下载。你分别为孩子们挑选了美国队长的盾牌和带游泳池的健身房，调整大小、尺寸、材质和颜色，然后轻击"生成"按钮，一张取货牌从机器下端掉出。20 分钟后，你凭借取货牌从 3D 打印窗口拿到了自己的定制玩具。

你会说，上面的这个故事是我脑洞大开的胡言乱语，现实根本不可能达到这个程度，工业 4.0 时代真的有这么神奇？

其实我说的这些都是根据大牛们提出的构想改编的。

还记得前面提到的那个著名德国小镇汉诺威吗？它有两个全球规模最大的高端展览，其中一个是宣布了"工业 4.0"概念的汉诺威工业展，另一个则是汉诺威消费电子、信息及通信博览会。

以"数字经济"为主题的 2015 年信息技术博览会上就发生了两件事。

第一件事是马云在开幕式上演示了蚂蚁金服的 Smile to Pay 扫脸支付技术（这招太狠了，从此连剁手都无法拯救"买买买"的心了），并且当场为德国总理默克尔网购了 1948 年汉诺威纪念邮票，技惊四座。

第二件事是前面提到的软件企业 SAP 公司全球执行董事会成员及全球管理委员会成员陆凯德（Bernd Leukert）给中国国务院副总理马凯说的一个 SAP 与中国沈阳新松机器人股份有限公司合作的"中国工业 4.0"的故事。故事的标题叫"一个机器人的'看病记'"，大致内容是这样的：

在未来，工业场景中的每一台机器人身上都会安装很多传感器，将机器人的压力、温度和振动频率等各种各样的指标数据采集并传输到 SAP 的云端，并在云端进行数据分析和预测，比如预测机器人的哪个部件损坏等。

在展会现场，陆凯德展示了一个能够展现所有机器人运行状况的界面。这时候，他发现有台位置在汉诺威的机器人显示故障（真的不是事先安排好的吗），于是点击进去了解到机器人发生了一些异常。接着他通过一个 3D 视频的指引，知道了具体损坏的部件，这需要专业的工程师去更换它。然而公司内部人力资源系统却显示没有匹配处理此类问题的专业工程师。这可如何是好？不用担心，SAP 的商业网络（Business Networks）可以发挥其全球互联的优势，最终在地球的某处找到了一名合适的工程师把机器人修好了。

就借着这么一个充满套路感的故事，SAP 充分展示了推行工业4.0 的满满诚意和先锋精神，当然也顺带为其商业网络产品线抓足了眼球，做足了广告。不过，当我们从技术角度以管窥豹时，就能了解工业 4.0 的主要愿景和关键技术：这是一个由物联网、互联网、云计算等技术连接起来的网络化、分布式智能生产系统。在该系统中，机器或产品将具有**自组织、自优化、自配置**和**自诊断**的智能（图 2-2）。

介绍了这么多，聪明的你一定发现了一个问题：怎么自始至终都是德国人呀？世界各地其他国家呢？怎么都没有反应？

其实，德国人之所以大肆宣传工业 4.0，目的还有一个

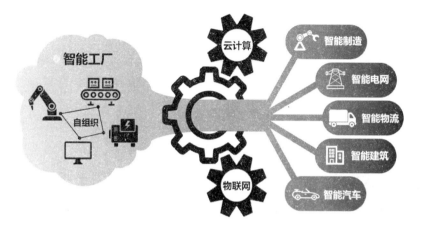

图 2-2　物联网等技术支撑的智能生产系统

——为了确保德国未来的工业地位，其暗含的危机感也是明显的，即就目前形势判断，德国核心工业地位已经或者将要不保。

　　这对于包括德国在内的西方国家来说绝非危言耸听。得益于前两次工业革命，西方国家在全球政治和经济中举足轻重，主导地位不言而喻。这种东西方对峙的格局在近几十年来逐渐被打破，第三世界国家崛起，形成同样具有全球决定性力量的政治和经济势力。在经济和政治全球化的形势下，西方国家已经不复当年的雄霸。在工业领域，德国机械设备制造业联合会的一份统计数据表明，过去20年间，西方主要工业大国的制造业份额均在走下坡路。许多人开始唱衰工业尤其是制造业，认为未来属于第三产业即服务业。这是因为在制造全球化的趋势下，越来越多的工业制造被迁移到成本更低的地方生产。以汽车工业为例，一辆所谓的"德国"汽车，可能是由在亚洲、欧洲或美洲制造的零部件组成，甚至可能直接在相应的市场地区完成组装。未来，随着人口红利逐渐减弱，传统的工业制造大国必须思考如何在保证产品质量和可靠性的同时创新产品功用，增加产品附加值，革新产品服务，以保证在新一轮的产业革命中屹立不倒。而德国在汽车工业、飞机制造和医疗技术等产业分支内的经验表明，通过互联网和其他网络以及软件、电子与环境的结合，生产出全新的产品和服务，是最有效的尝试。

与此同时，历次的工业革命使得工业生产过程以及产品本身的复杂性也在不断增加。传统的设备、方法、结构、过程乃至商业模式不足以适应和控制这种复杂性，从而这种复杂性会反过来倒逼工业界寻求一种新的商业模式，以取得全球性的竞争优势。

因此，在这种形势下，德国提出工业 4.0 既十分自然又绝非巧合。

眼看这个世界的发展趋势就要由"心机 boy"德国引领，这时候高空传来美国人的一声冷笑：居然敢动摇朕的地位！

出征——美国队长的实力

2000 年，互联网的概念刚刚在中国兴起，经原信息产业部批准，中国互联网络信息中心（CNNIC）终于推出了中文域名试验系统，我们中的绝大部分人刚刚开始享受网络带来的巨大便利，沉浸在欣喜当中。

这时候，美国一家针对全球企业增长的咨询公司却开创性地在一份报告中提出了"工业互联网"这个概念——用以指代复杂物理机器和网络化传感器及软件的集成。这个含义和今天为大众所熟知的工业互联网并没有本质的冲突，只是后来的内涵更丰富了。

这家公司就是沙利文（Frost & Sullivan）公司。

沙利文公司并不是专业玩互联网的，也不是专业玩制造业的，它的主要业务是 IPO 过程中的行业顾问（主要是港股，也有部分美股和 A 股），但是业界名声并不响，处于"行内人知道，行外人不知道也没必要知道"的地位。

工业互联网这个概念的提出为沙利文公司带来了在工业制造领域的话语权，公司还顺水推舟设立了"制造领袖奖"，每年在五星级酒店开开全球峰会，颁颁奖，这奖还颇受国际认可，2016 年通用电气（GE）公司就很高兴地领了这个奖。

通用电气确实当之无愧为"制造业领袖",就是它在美国打响了"工业互联网"第一炮。2012年11月26日,通用电气发布了白皮书《工业互联网:打破智慧与机器的边界》,正式提出"工业互联网"的概念,旨在提高工业生产的效率,提升产品和服务的市场竞争力。

2014年3月,通用电气联合AT&T、Cisco、Intel和IBM公司在美国波士顿联合发起成立了工业互联网联盟(Industrial Internet Consortium,IIC)。官方说法,这个联盟的成立是"为了推进工业互联网技术的发展、应用和推广,特别是在技术、标准和产业化等方面制定前瞻性策略",当然,其实质在于它们都瞄准了工业互联网这块蛋糕,想要抢占主要市场份额。

范德堡大学工程学教授兼软件系统研究院院长Janos Sztipanovits对于成立IIC的意义作了如下阐述:"我们正处于网络世界和物理世界交汇,历经重大技术变革的重要时期。这场技术变革具有广泛影响,能够带来实实在在的利益,不仅可以造福于任何组织,而且还能造福于全人类。学术界和工业界均理解为工业互联网确定和建立新基础、共同框架和标准的必要性,并期望IIC确保这些工作能够汇聚成一个紧密结合的整体。"

这五家巨头组成的"工业互联网战队"各有所长,以下

分别简单介绍一下它们的技能点以及"打怪"时的主要分工
（图 2-3）。

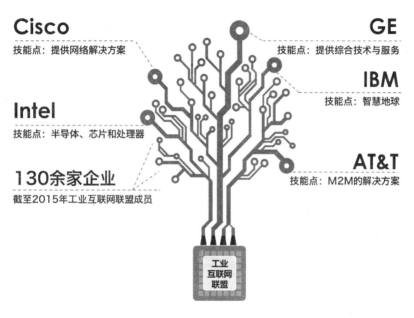

Cisco
技能点：提供网络解决方案

GE
技能点：提供综合技术与服务

IBM
技能点：智慧地球

Intel
技能点：半导体、芯片和处理器

130余家企业
截至2015年工业互联网联盟成员

AT&T
技能点：M2M的解决方案

工业
互联网
联盟

图 2-3　工业互联网战队

　　① IT 供应商思科（Cisco）。技能点：提供网络解决方案。
这家取名为旧金山（San Francisco）词尾的美国 IT 企业龙头
老大提出了万物互联（Internet of Everything，IoE），这也正
是物联网的概念。不得不说，这个知识产权概念的提出为联
盟自己掌控解决方案铺平了前进的道路。因此思科的主要分
工是提供互联网得以发展的基石：交换机、路由器、服务器

以及国人最需要的 VPN 和防火墙等。多八卦一句，2013 年 6 月中旬，思科被爱德华·斯诺登（Edward Joseph Snowden）曝出参与美国的棱镜计划，据说美国国家安全局曾经通过思科路由器监控过我国的网络和计算机。

② 电信运营商 AT&T。技能点：机器到机器（Machine to Machine，M2M）的解决方案。在通信网络运营企业的眼中，所有的链接物除了人就是物体了，因此介入到工业领域一直是 AT&T 的理想。事实上，目前中国电信和中国移动也正在推广 M2M 的解决方案，他们和华为一起力推的 NB-IOT 也代表了类似的努力。

③ 国际商业机器股份有限公司 IBM。技能点：智慧地球（Smart Planet）。阿基米德说过："给我一个支点，我就能撬动地球。"对于 IBM 来说，这个支点就是智慧的系统。得益于 IBM 在中国妇孺皆知的知名度，加上这个词通俗易懂且又朗朗上口，如今"智慧城市"已成为政府报告中不可或缺的一部分。

"深蓝"是 IBM 公司生产的一台超级国际象棋计算机，重 1270kg，有 32 个大脑（微处理器），每秒可以计算 2 亿步，其名字源自其雏形计算机"沉思"（Deep Thought）及 IBM 的昵称"巨蓝"（Big Blue）。1997 年 5 月 11 日，"深蓝"在正常时限的比赛中首次击败了等级分排名世界第一的大师加里·卡斯帕罗夫。机器的胜利标志着国际象棋历史的新时代，也标志着智慧系统的发展。

④ 半导体公司英特尔（Intel）。技能点：半导体、芯片和处理器。这家"摩尔定律"的摇篮近年来除了勤勤恳恳为各大手机、计算机等智能设备商提供芯片服务之外似乎并没有什么大动作。但是据说 IIC 的对手工业 4.0 研究院 CPS 中心曾经邀请来自哈佛的实习生对 Intel 的物联网芯片布局进行过研究。从哈佛实习生跟踪研究的结果来看，Intel 一直在物联网芯片上进行标准化努力，可见其野心并不在于眼前小利，而是心怀"诗和远方"。

⑤ 最后出场的是联盟帮主和战队队长——通用电气 GE（General Electric Company）。技能点：提供综合技术与服务，产业链覆盖面广。从爱迪生时代开始，通用电气就一直以科技弄潮儿的形象出现在世人面前。1896 年，道琼斯工业指数榜设立，通用电气是当时榜上的 12 家公司之一，时至今日，它是唯一一个仍在指数榜上的公司，可见其在制造业中的江湖地位。作为联盟发起者，GE 提供了一个叫 Predix 的平台，其落脚点是软件，看得出来 GE 期望未来转型为一家系统软件公司。目前，GE 成立了 GE Digital 公司，专注于 Predix 平

台的开发和运营，而该平台也被 GE 等同于工业互联网应用平台。

好了，我们总结一下（敲黑板）。Cisco 作为物联网连接交换设备的厂家，大力推动 IoE 的概念，关注物联网发展理所当然；AT&T 一直关注 M2M 的应用，这是所谓电信运营商口中 ICT 应用的基本技术；IBM 作为智慧地球和智慧城市（Smart City）的提出者，期望找到驱动智慧地球的新动力；Intel 在移动互联网领域没有形成类似于在 PC 领域的影响力，考虑新的领域（诸如工业）战略布局是一个合理的选择；GE 自己本来就有大量的工业设备，把这些设备联网并提供预测性维护，是内在产品服务需要。

这五家物联网相关的企业发起工业互联网联盟，成立"战队"实在是水到渠成。

从技能点上来看，战队的五个成员基本上代表了有意愿并有利益关联的五家物联网概念关注者，它们正在不断"打怪升级"。例如，该联盟准备集合共同资源，开发一些测试床（Testbed），用以验证工业互联网相关的创新技术、应用、产品和服务等。目前已经推出包括用于手持设备资产定位与追踪的 Track & Trace 测试床，探索智能微电网的 Microgrid 通信与控制测试床，以及面向软件定义的工业互联网基础网络

架构服务的 INFINITE，提供工厂环境仿真及决策流程可视化的 FOVI 测试床等技术原型。看起来，这个战队距离攻下工业互联网这个终极 BOSS 好像已经不远了。

截至 2015 年年初，该联盟成员已经达到 130 余家，连西门子、华为等号称要自己做工业互联网平台的企业也未能抵御该组织的诱惑，而工业互联网所主导的技术变革也如火如荼，成为美国"制造业回归"的中流砥柱。

其实我国国内并不缺乏运行产业联盟的企业，但真正运行成功的产业联盟却非常少。原因很多，其中参与企业自身创新能力弱与国际视野局限性大是一方面，缺乏一个良好的利益共享机制，无法发挥每个企业独特所长，也是国内产业联盟难以落地的重要原因。一个好的"战队"最关键的是发挥规模效应，各司其职和扬长避短。合作固然重要，但是也要懂得分工：眼耳口鼻舌各司其职，就是分工；五指握紧成拳，就是合作。但是，五指要能互用无碍，拳掌要能舒展自如，才能成为一个五官健全、身体正常的人。

在军事作战上，也有"分进合击"战术，经由不同的路线分别向目标包围，才能一举歼灭敌人。所以，合作时要全力以赴，分工时更要做恰当的安排。商场如战场，如何借鉴学习美国工业互联网联盟运行机制，这是需要我们深入思考的问题。

> 将敌军对我军的战略上的分进合
> 击，改为我军对敌军的战役或战斗上
> 的分进合击。

——毛泽东（《中国革命战争的战略问题》第五章第六节）

以上就是美国人提出的工业互联网的发展历程，这与德国人提出的工业4.0可谓一对远隔重洋的孪生概念。

站队——德国人还是美国人

如果要问这对"孪生兄弟"有何差异，首当其冲是生长环境和文化背景的不同。工业4.0诞生在传统工业大国德国，侧重点更在于生产与制造过程的智能化、数字化。而工业互联网源自信息通信产业遥遥领先的美国，更偏重借助互联网技术改善生产设备和产品服务。

此外，从这两个国家提出相应概念的背景和动机而言，工业4.0可以算是对技术革新趋势的一种被动适应，以保证在数字化道路上不被阻截性超车；而工业互联网则更多的是主动出击，希望保持和推动数字化的列车高速前进。换句话说，工业互联网和工业 4.0 可以算是对未来网络化工业革命的两种不同角度的看法：工业互联网是 top-down，工业 4.0 是 bottom-up。工业 4.0 是以工业生产设备为核心的 CPS 为出发点，推进数据融合和服务共享，从而推及工业生产过程以及产品服务等；而工业互联网则是从物联网、云计算、大数据分析等信息技术的角度出发，将之应用于工业领域，改造工业生产的产品服务和管理过程等，进而倒逼底层的机器生产设备变革。图 2-4 显示了工业 4.0 与工业互联网的参考架构。

当然，这些所谓的区别其实都无足轻重，因为作为一场技术变革，二者在核心理念和愿景上是英雄所见略同的。不管以何种形式到来，不管最终被历史如何描述，物联网、大数据、云计算等技术在工业领域的深入应用是大势所趋，逆之则亡。

将来，这种差别也会越来越小。2016 年 3 月，工业 4.0 平台（Plattform Industrie 4.0）和工业互联网联盟（Industrial Internet Consortium，IIC）的代表在瑞士苏黎世会面，初步达成了合作意向，取得了工业 4.0 参考架构模型（RAMI 4.0）和工业互联网参考架构（IIRA）的一致性。

此次会议还取得如下成果：双方就这两种模型的互补性达

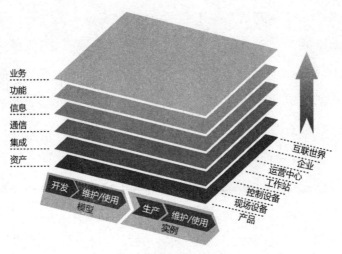

(a) 工业4.0的参考架构

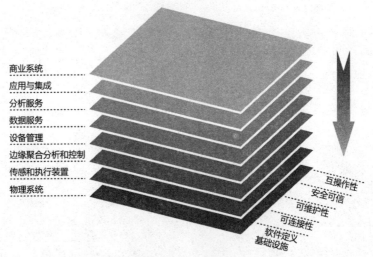

(b) 工业互联网的参考架构

图 2-4　工业 4.0 与工业互联网的参考架构

成共识；以初稿对应图来反映两种元素之间的直接关系；构建清晰的路线图，以确保未来的互操作性。其他可能实现的议题包括在 IIC 测试平台和 I4.0 测试设备基础设施，以及工业互联网标准化、架构和业务成果等领域开展合作。

你看，未来就是这么一个强强联合、强者愈强的"马太"世界。

> 凡有的，还要加给他，叫他有余；
> 凡没有的，连他所有的也要夺去。
>
> ——《马太福音》第 13 章第 12 节

纵观过去的三次工业革命，从技术创新的角度可以视作两波主要的创新浪潮："工业革命"（Industrial Revolution）和"互联网革命"（Internet Revolution）。第一波创新浪潮绵延 150 余年，涵盖了第一次和第二次工业革命，极大地改善了人们的生产水平和生活条件，狠狠地甩掉了贾平凹在《秦腔》中所描绘的"交通基本靠走，治安基本靠狗，通信基本靠吼，娱乐基本靠手"的社会现实，更是彻底改变了"取暖基本靠抖，挖掘基本靠手，耕地基本靠牛，照明基本靠油"的农耕状况。第二波浪潮伴随着第三次工业革命，前后大约只有 50

年，却同样让世界发生了翻天覆地的深刻变革，特别是计算
机和互联网的发展，实现了人和机器对话、机器和机器对话、
人和人通过机器对话、人与环境通过机器对话甚至人和未知
的太空对话。

尽管互联网发展迅猛，使得今天人们似乎又再次陷入
"娱乐基本靠手"的"手机党"抑或"低头族"时代，但更多
地，工业革命制造的全球性工业系统以及互联网革命创造的
开放式计算和通信系统，正在以某种不易察觉的运行轨迹碰
撞、接轨和融合，酝酿更为猛烈的第三波创新浪潮（图 2-5）。

图 2-5　工业互联网创新浪潮源自工业革命和互联网革命

这一波正在不知不觉发生的创新浪潮，也拍上了东方的
海岸，并造成了巨大的回响。

2015 年 5 月，我国国务院正式发布《中国制造 2025》规

划，作为我国工业未来 10 年的发展纲领和顶层设计，旨在将我国从一个"制造大国"转型为"制造强国"。这个规划可以看作与工业 4.0、工业互联网同时代的东方巨响。

在这里，不得不夸一下国人取名字的创意。前面说过，数字并不只是数字符号，它还是一种特殊语言，有很多表达效果。很多东西加上数字以后就会显得很权威，很有说服力，并且更容易朗朗上口。举个例子，我们大家都习惯说什么"二八定律"，其实这只是一种数量关系，真的是二八还是三七或者四六都不重要，重要的是它比原名"帕累托法则"表现出来的冲击力要强多了。

现在你已经知道，"工业 4.0"跟"工业互联网"其实体现的是同一种理念，但为什么前者就比后者"红"得多，道理就在于此。你想，既然叫 4.0，那就是说过去有 1.0、2.0 和 3.0，未来说不定也会进化成 5.0，虽然工业革命是否发生到第四个阶段我们不得而知，但是这个概念的提出就产生了一种正在进行时的效果，产生了超出数字本身的效果，既好记，也给人们留下了想象的空间。

所以我们来看"中国制造 2025"，这是一个开门见山的命名，时间、地点、事件三要素都清楚明白。如果说工业 4.0 或者工业互联网都是要在全球范围内推动工业升级，中国制造 2025 则更多地结合了我国的国情，立足于我国的现状，是自带了鲜明"姓氏"的。从这个意义上讲，中国制造 2025 比之于工业 4.0 和工业互联网，其目标更明确，内涵更确切，路线也相对更清晰，不得不点个赞（图 2-6）。

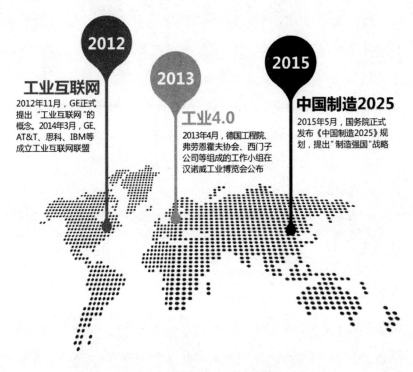

工业互联网
2012年11月，GE正式提出"工业互联网"的概念。2014年3月，GE、AT&T、思科、IBM等成立工业互联网联盟

工业4.0
2013年4月，德国工程院、弗劳恩霍夫协会、西门子公司等组成的工作小组在汉诺威工业博览会公布

中国制造2025
2015年5月，国务院正式发布《中国制造2025》规划，提出"制造强国"战略

图 2-6　中国制造 2025 与工业互联网和工业 4.0

言归正传，"中国制造 2025"战略规划"以促进制造业创新发展为主题，以提质增效为中心，以加快新一代信息技术与制造业深度融合为主线，以推进智能制造为主攻方向，以满足经济社会发展和国防建设对重大技术装备的需求为目标，

强化工业基础能力，提高综合集成水平，完善多层次多类型人才培养体系，促进产业转型升级，培育有中国特色的制造文化，实现制造业由大变强的历史跨越"，这将昭示着一场工业转型的大突破、大提速。这一份由 50 多位院士和 100 多位领域专家共同制定的规划不仅包括我国实施制造强国战略的指导思想、基本方针，还指出了重点领域和机遇、挑战。

这份规划的全文在网络上很容易获得，有兴趣的读者可以自行研读，这里不再赘述。总体上，在这一场竞速之中，我国面临着不可小觑的挑战，也拥抱了不可限量的机遇。或许我国依靠信息技术、市场空间和人才队伍等优势拉动工业发展，能够跨越在工业 2.0、工业 3.0 时代落下的差距，实现弯道超车。

当前，不仅中国，处于世界工业第一梯队的美、日、法等发达国家都打起十二万分的精神，举着"再工业化""再兴战略""工业复兴"等类似大旗，实行工业转型升级，确保战略地位，避免被洗牌出局。当然目前还没有哪个国家或企业真正达到了工业 4.0 阶段，即使是首推工业 4.0 并为此建立全球仅有的高科技未来工厂的西门子公司，也只敢自称其未来工厂为"工业 3.5"。对于今天，我们或许可以俏皮地说，全球各工业大国，如果不是处在工业 4.0 的道路上，就是处在去往工业 4.0 的道路上。

对于这一条道路及其所通往的未来，工业 4.0 更倾向于对结果（第四次工业革命）的概括，而工业互联网则更多是这场革命的契机、手段和产物。因此作为一本侧重技术的书籍，本书更多时候采用工业互联网一词，但其所指代的内涵首先不等同于德国所提出的工业 4.0 的说法，同时也并不局限于 GE 所提的 Industrial Internet 或者 Industrial Internet of Things。

工业互联网的前世今生都已说完，擦擦黑板，拿出粉笔，我们要开始说技术了，你做好准备了吗？

INTERNET OF EVERYTHING
FOR NEW INDUSTRIAL REVOLUTION

第三章

互联与智能：
工业革命升级技能点

你也许知道摩尔定律，可是你听说过吉尔德定律吗？梅特卡夫定律呢？后两者同摩尔定律一起将我们带入了万物互联、人工智能的时代，在这个时代里，数字化漫山遍野，网络化在上面"野蛮"生长，结出智能化的果实。

尤瓦尔·赫拉利（Yuval Noah Harari）在《人类简史》中提到，工业革命的核心，其实就是能源转换的革命。过去，能源所指对象往往是石油、煤炭和天然气等不可再生资源，人类终日为能源的耗尽而惴惴不安。而现在，我们的能源来自无穷无尽的数据和信息，唯一的限制就是我们的无知。可以说，这世界缺的不是能源，而是让我们能够驾驭能源的知识。

从技术角度来看，第四次工业革命是一场工业领域从嵌入式系统（Embedded System）到信息物理融合系统（Cyber Physical System）的技术变革，通过物联网（Internet of Things）、云计算（Cloud Computing）和大数据（Big Data）在工业中的应用，促成基于网络化的革命。其关键技术特点和难点在于实现智能化设备自知自治、泛在化网络互联互通、中心化数据实时实效、开放化服务相辅相成，建立能够在联网对象彼此之间、联网对象与外部环境之间、联网对象与人之间共享智能的工业互联网，形成**物联网（Network of Things）、数据联网（Network of Data）、服务联网（Network of Services）以及人员联网（Network of People）**的网络化开放平台。

其实对于这一场尚未发生就被广泛议论的革命，有许多核心概念还不十分清晰，亦未达成共识。现在，让我们开始逐一分解。

无处不在的物联网

无论是工业互联网的愿景还是工业 4.0 的构想，我们都可以确定，这一场技术变革是构建在物联网的基础之上的。物联网是这一场技术变革的核心动力和基础依托。国际上在议论工业互联网时，"工业互联网（Industrial Internet）"和"工业物联网（Industrial Internet of Things）"是不加严格区分而是交替使用的，所以大家不要被中文的字面不同搞糊涂了。计算科学进入到人通过网络化的设备感知世界并与自然交互这个阶段，CPS（美国自然科学基金委提出）、Smart Planet（IBM 公司提出）和物联网（欧盟国家和我国较多使用），这些指的都是万物互联理念下的技术与未来。

物联网（Internet of Things，IoT），直接或间接将所有真实的物体联网。通过物联网可以对机器、设备、人员进行集中管理、控制，也可以对家庭设备、汽车进行遥控，以及搜索人和物的位置、防丢和防盗等，同时通过收集细微的数据，聚集成大数据，完成重新设计道路以减少车祸与拥堵、都市更新、灾害预测与犯罪防治、流行病控制等社会的重大改变。

"为山九仞，非一日之功。"物联网经过十几年的发展，在未来工业中扮演核心角色是技术发展的必然。在我们进一步解释这个"必然"之前，不妨先回头看看计算的历史。

首先是领域里的"镇界三定律"，摩尔定律、吉尔德定律和梅特卡夫定律，它们分别与计算性能、网络带宽和网络规模三个方面相关（图 3-1）。其中最著名的当然是家喻户晓且久经考验的摩尔定律。前面说过，摩尔定律以其最初的提出者英特尔公司的创始人戈登·摩尔（Gordon Moore）命名，印象模糊的读者可以往前翻翻书复习一下定义。

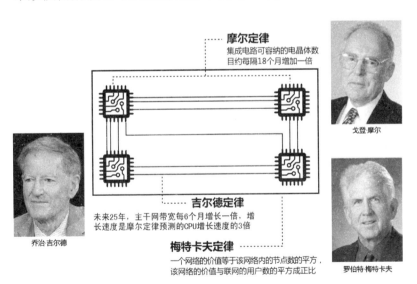

图 3-1　计算科学三定律

与摩尔定律类似的还有一个叫"贝尔定律"（Bell's Law）：微处理器的价格和体积每 18 个月减少一半。该定律是摩尔定律"微处理器的速度每 18 个月翻一番"的补充，这意味着同等价位的微处理器的速度会越变越快，而同等速度的微处理器则会越来越便宜。

再来看吉尔德定律。其提出者乔治·吉尔德（George Gilder）是数字时代三大思想家之一（另外两位分别是尼古拉斯·尼葛洛庞帝（Nicholas Negroponte）和马歇尔·麦克卢汉（Marshall McLuhan）），同时也是作家、经济学家和未来学家。20 世纪 80 年代，吉尔德是供应学派经济学的代表人物；90 年代，他是新经济的吹号手。他写过一本非常轰动的书，叫《通信革命》。这本书让比尔·盖茨深省，撬动了万亿美元股票价值，也让他被冠以"疯狂乔治王"之称号。

"疯狂乔治王"原指英国国王乔治三世。历史上记载他原本是英明仁慈的一国之主，在位期间甚至战胜了拿破仑，但执政后期突然染发怪病、举止疯狂、被迫退位。当然写在纸上的历史不能完全相信，这一点全世界相通。我们先不去质疑乔治三世是否真的疯了，先来看看当代的这位"乔治王"都做过哪些光辉事迹。

20 世纪 90 年代中期，乔治·吉尔德开始热烈拥抱光纤技术、无线通信技术以及各种变革通信产业的新技术，为他们摇旗呐喊，引导了无数的资金进入这个不断升温的领域。《通信革命》就是他革命理论的集大成者，可称为二十年前的"风云第一书"。全书共分：新的光、新的通信技术、应对丰富的带宽、通信世界的凯歌和光的意义共五大部分，既富有技术内涵，还诗情画意，几乎每一部分都可以很快抓住读者的注意力。

1996 年 7 月，依据《通信革命》书中的论点，吉尔德公开预测高通（Qualcomm）公司的 CDMA 技术将成为标准，其未来不可限量。一年之后，高通股票一直飙升 2700%。同样的故事发生在 JDS Uniphase，这个专注于光纤网络的设备公司最早于 1997 年 6 月进入吉尔德的报告，此后，股票一直高升 3800% 之多。其他股票如 Broadcom，Applied Micro Circuits，Level 3 和 Terayon 等也一样神奇。

一时间，乔治·吉尔德的个人写作月刊《吉尔德技术报告》（The Gilder Technology Report）洛阳纸贵，华尔街股票分析师人手一份。《华尔街日报》宣称："吉尔德的只字片语就能影响股价"。

他还就技术产业发展趋势问题，与比尔·盖茨、英特尔的安迪·格罗夫，以及以太网发明人梅特卡夫等展开过一次次论战，每一次都大获全胜。

他同时还是一个非常有人格魅力的人，时而深奥，时而幽默；时而讲解玄妙的理论，时而信手拈来趣闻轶事；时而富有启蒙，时而让你晕眩。他侃侃而谈关于网络本身，关于网络对经济、社会和日常生活的影响，他是当时华尔街的"国民老公"，所有人为之疯狂。

转折点来自 2000 年的互联网泡沫。

由加里·温尼克（Gary Winnick）集资成立的环球电讯（Global Crossing），被吉尔德看好并捧为最值得投资的股票。2000 年互联网泡沫开始破灭，到了 2001 年中，面对质疑，吉尔德还极力辩解："如果环球电讯会破产，我就把自己的房子都卖掉。"他预测两家电信公司（环球电讯和 360networks）"将会角逐全球王者宝座，但在一个数以万亿美元计的大市场中，不会出现输家。"

失去对未来世界的掌控，吉尔德陷入疯狂。但是那个年月，有谁不疯？整个世界都疯了。中国亦不例外，在房价平均不高于 2000 元人民币的年代，就有住在数据局楼上的大妈把自己的房子卖出几十万元人民币一平米的宇宙中心价，只是因为一个 DOT COM 公司需要一个网络机房炒作点击率。

到了 2002 年 1 月 28 日，环球电讯依照美国破产规则第 11 章申请破产保护，创下美国电信产业最大破产事件，同时也是美国历史上第四大破产纪录。此时公司股票价值仅剩

12.5 亿美元，与高峰期的 480 亿美元相差天渊。那年我在念博士，大家对这个事情都不能理解和接受。有一个很有意思的段子：说兄弟俩各自得到 2000 美元遗产，哥哥是个懒蛋，每天买了啤酒"开爬梯"（指 Party），空啤酒罐子扔得到处都是；弟弟拿钱买了环球电信和 MCI 以及北方电讯的股票。没想到几年之后，弟弟的股票价值还不如哥哥的空酒罐子卖的钱多。

股市的惨跌也让吉尔德血本无归。房子被抵押，曾经众星捧月的演讲没人来听，他的报告依然出版，但是订阅量下滑得惨不忍睹。有一天他失魂落魄地走在路上，迎面遇到一个认出他的股票分析员。"你究竟是个恶棍还是弱智?"那位分析员大声指责道。

> 曾经，我是最好的股票推荐者。当然，后来，我就成了最差的。过去两年内，我推荐的股票起码下跌了 90% 以上，如果它们现在还活着的话。
>
> ——乔治·吉尔德

在投资者们追随吉尔德而大发其财的日子里，他们更多以沉默表达感激，但是在损失惨重时，过去大丰收的记忆就烟消云散。仅仅记住吉尔德今天的惨败是不公平的，在他的推荐记录中，更多的历程是辉煌。吉尔德能够成为投资者的"教主"，也不是依靠鼓吹理论，而是来自实践。如果有哪只股票能够跻身于他的 Telecosm Technologies 名单，这家公司的股价就会扶摇直上。后来，你已经搞不清楚究竟是吉尔德的推荐推动了股票还是他准确地预测到了该公司的发展潜力。他与投资银行的分析师不同，他推荐股票从来不是以价位作为主要指标，而是不管价格如何，重点评述该公司的技术和产品是否具有发展潜力。投资者只有自己比较他推荐前后的股价走势才能衡量他的准确性。

当一个未来学家是一件危险的事情，因为未来总有着一种"顽皮"的习性，喜欢沿着你预测之外的方向发展；当一位披着未来学家外衣的股票推荐者更是危险百倍，因为股市有着一种更"肮脏"的习性，喜欢跌宕起伏，总有下跌的一刻把你的成就消灭殆尽。

吉尔德如是，15 年后写货币战争的宋鸿兵也如是。

言归正传，吉尔德定律（Gilder's Law）指的是，在未来25 年，主干网的带宽每 6 个月增长一倍，其增长速度是摩尔定律预测的 CPU 增长速度的 3 倍。这一事实表明带宽的增加早已不存在什么技术上的障碍，只取决于用户的需求——需求日渐强烈，带宽也会相应增加，而上网的费用自然也会下降。会有那么一天，人们因为每时每刻都生活在网络的包围中而逐渐忘却"上网"之类的字眼。

梅特卡夫定律则是罗伯特·梅特卡夫（Robert Metcalfe）在 1980 年提出、1993 年被正式规范定义的。这位出生于布鲁克林的斯坦福学霸是以太网的发明人，其创立的 3Com 公司为 IBM 生产了世界上第一块网卡。他和乔布斯一样，后来被自己创立的公司和自己找来的 CEO 赶出公司管理层，与乔帮主不同的是，他没能王者归来，而是眼睁睁看着 3Com 公司走到穷途末路。图 3-2 就是老帅哥梅特卡夫获得美国国家科技奖（National Medal of Technology）的场景，这个奖的含金量在美国差不多相当于诺贝尔奖。凭着这个奖，梅特卡夫被赶出自己创办的公司之后还能去德州大学奥斯汀分校稳稳地当了个教授。梅特卡夫定律指出，**网络的价值与网络使用者数量的平方成正比**。即网络的价值 $V = K \times N^2$（K 为价值系数，N 为用户数量）。

这个定律后来被许多人质疑，因为它认为所有网络节点都是对等的，而忽略了不同节点和连接之间的差异性。举个通俗的例子，你和季羡林季老先生是忘年之交，同时家里凑巧也有一位亲戚老季大名叫季林羡，这个定律的问题在于它把"季老"和"老季"这两个人以及"你认识季老"和"你

图 3-2　罗伯特·梅特卡夫获得美国国家科技奖（图片源于网络）

认识老季"这两件事都等同视之。

　　梅特卡夫定律提出 30 多年以来，学术界对其有不同的观点，但一直并没有特别好的实证。但到了今天，这条定律突然焕发出旺盛的生命力，最重要的原因是"抱上了互联网巨头们的大腿"。2014 年，梅特卡夫教授自己发表了一篇文章，用 Facebook 的数据对梅特卡夫定律做验证，发现 Facebook 的收入和其用户数的平方成正比。随后，中国有学者亦采用相同的方法，验证了腾讯的收入和其用户数的平方成正比，图 3-3 展示了梅特卡夫定律的拟合结果。

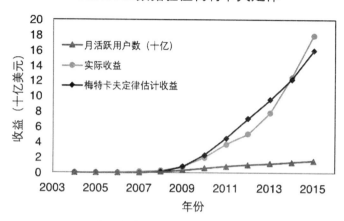

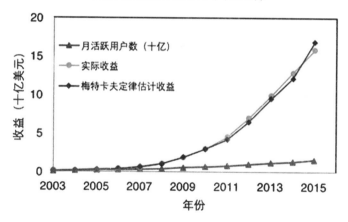

图 3-3　Facebook 数据和腾讯数据验证梅特卡夫定律

　　互联网是开放的，但并不平等。互联网经济的一个重要特征就是赢者通吃，这一特征进一步被今天的创业大众总结成一条互联网行业的铁律，叫作"数一数二，不三不四"。梅特卡夫定律告诉我们网络的价值与用户数的平方成正比，这意味着用户数相差不多会导致网络价值相差很多。进一步地，落后者未来获得新用户、新资源的机会都要比领先者小得多。梅特卡夫定律加剧了互联网的马太效应。因此，投资者往往会极为重视互联网企业的行业地位，他们会愿意付出高溢价来购买领先者的股权。

这也就是我们常挂在嘴边的"用户为王"。

多说一句，很多实体企业宣称转型互联网会特别容易获得资本的认可，这是因为，与互联网创业企业不同，实体企业已经积累了相当的客户资源。市场往往相信其在传统产业中的用户可以顺利地从线下导入到线上，因而愿意为这样的企业支付溢价。2015 年的"O2O（Online-To-Offline）热"也由此而引发。当然，资本的认可并不完全等于市场的认可。热度过去之后，还是要看产品。

以上三条定律都指向了同一个结论——我们正处在并将长期处在一个万物互联的时代，接入网络的设备达到了史无前例的规模(图 3-4)。据思科公司估计，2015 年全球已经有超过 150 亿产品接入互联网；到 2020 年，这个数字至少达到 300 亿。我们现在确实是身处一个前所未有的时代：无处不在的设备，无时无刻的网络，产生着无可估量的数据，也蕴藏了无可比拟的价值。

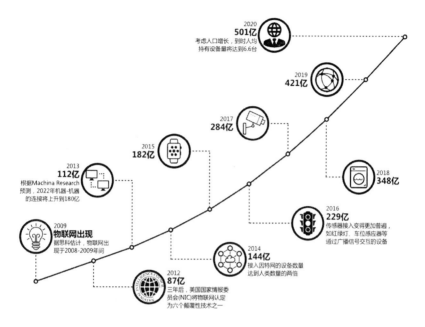

图 3-4　互联设备增长

你看，光是将全球绝大部分设备都接入互联网，事情就很需要点想象力了。如果再将数据、服务等也作为联网对象考虑，事情恐怕就超乎想象了！

虽然超乎想象，但并非不切实际。物联网正在将这些想象转变为未来世界的现实。

不是人工智能的智能

当我们谈论未来世界的模样时,特别是谈论未来工业的前景时,还是不能免俗地提到"智能"二字。不过不同语境下的智能使用的英文词是不一样的,谈到智能工业、智能电网,使用的往往是 Smart 这个词,而人工智能则使用 Artificial Intelligence(简称 AI)。为了大家理解方便,我们先来说说人工智能。

自从谷歌的阿尔法狗(AlphaGo)战胜了世界冠军李世石之后,"人工智能"这个词瞬间在全世界范围内掀起了轩然大波,随之而来的还有关于未来的各种讨论,似乎用不了几年人类就会被邪恶的科学家造出来的机器人灭族。

只能说,大家想多了。

其实人工智能突出的是机器的反应方式能够类似人的智能。而且近半个世纪以来,人工智能的发展历程很坎坷,机器能否有智能一直是一个有争议的课题。许多科学家并不认同目前机器的"智能"是真的智能,因为毕竟计算机所能完成的任务(即使是以远高于人类的效率完成)都是人类预先定义好的,并没有超出人类自身的认知范畴或者能力限制。

这是由于存在一些无法克服的基础性障碍。

障碍之一是计算机的运算能力。早年的计算机有限的内存和处理速度几乎没法解决任何实际的 AI 问题。例如，罗斯·奎廉（Ross Quillian）在自然语言方面的研究结果只能用一个含 20 个单词的词汇表进行演示，因为那个时候内存只能容纳这么多。

　　计算被一个称为计算复杂度（Complexity）的概念制约着。除了一些最简单的情况，要想解决很大一部分可以被称作"智能"的问题，都需要指数时间才能解决，就是我们常说的 NP 难，处理对象集合稍微大那么一点儿，需要的时间就近乎无限长了。这就类似棋盘上摆米粒的桥段，据说古时候一个下棋赢了国王的大臣要求的奖励是在棋盘第一个格子摆一粒米，以后每个格子米的数量翻倍，结果国王发现全国的米都用上也无法摆满那个区区 64 格的棋盘。简言之，大部分问题都算不过来。

　　其二是计算机对真实世界的感知能力。到目前为止，人类研究的人工智能在"智力"上已经很高，但却依然无法像人类一样感知世界。哪怕是当今"学霸"的人工智能系统，其感知现实世界的能力都很难和一位年迈老人相比。人们早期曾经有个错觉，以为如果人工智能解决了比较困难的问题（比如逻辑和代数运算），就可以轻松解决容易的问题（比如环境识别）。后来发现真相却颇有哲学意味，那些所谓的困难问题是对人类而言困难的问题，而对于人工智能来说，**"困难的问题是简单的，简单的问题是困难的"**。这个问题也被莫拉维克抽象为一个悖论（Moravec's Paradox）：对计算机而言，实现逻辑推理等人类高级智慧只需要相对很少的计算能力，而实现感知、运动等人类低等级智慧却需要巨大的计算资源。

其三是推理和逻辑框架。一般性的智能系统其实是一种基于知识的系统，常识问题是其核心之一，比如如何进行清晰的常识表达以及如何运用这些常识进行推理。然而，即使拥有庞大的知识库，人工智能也无法像人类一样，在没有老师的情况下还能自行推理并进行联想学习。所以人工智能要模拟人的智能，其难点不在于人脑所进行的各种必然性推理（数学证明之类的东西），而是最能体现人的能动性和创造性的不确定性推理。而人类的这种常识推理往往具有非单调性、非协调性和容错性等。举个例子，知识库可能是不协调的、有矛盾的，但这种不协调对于人类进行合理的推理行为影响甚微，对计算机进行推理的影响却巨大。近年来逻辑学家和计算机科学家发展出一些非经典的逻辑，比如非单调逻辑（Non-monotonic Logic）和次协调逻辑（Paraconsistent Logic）等，就是试图解决这一问题。

> 人的头脑不是一个要被填满的容器，
> 而是一支需要被点燃的火把。
>
> —— 德谟克里特

这几方面说白了，就是装备差（运算能力有限）、技能少（新的算法还没开发）、经验值低（没有足够的数据），想打怪练级发现野怪打不过（"智能"问题都太复杂）。

有些时候困扰大牌专家的问题听起来都让外行人非常不理解。举个例子，一个经常玩斗地主的扑克牌爱好者，有时候也会忽然出一些昏招，比如忘了还有一个 2 没有出而用 A 闯牌最后导致全盘失败，但是这个人的偶尔失误通常是可以理解的失误；可是一个一直运行良好的人工智能程序就不一样了，它的失误就可能直接把自己的智商降成比初学者还不如，瞬间成为一个完全的傻子。这个人工智能鲁棒性问题，就导致了人工智能和人类智能的巨大鸿沟。

虽然单个计算设备的智能十分有限，但信息的网络化却真枪实弹地在发现货真价实的新知识。进入 Web 2.0 时代以来，人们深深跌入一个碎片化阅读的时代，但另一方面，我们也能感受到网络化的信息所带来的喜悦。这种喜悦来自于网络化蕴含的巨大能量——人类的知识和能力通过网络的渠道连接到一起，以计算的方式聚合成一体，将突破这些知识和能力的总和。

这不禁让人想起一个思想实验：无数只猴子在无数台打字机上随机地打字，如果持续无限长的时间，那么在某一个时刻，它们会打出莎士比亚的著作。这就是"无限猴子定理"，也叫"猴子和打字机"实验，本意是用来阐释"无穷"的本质。就跟薛定谔不明生死的猫、缸体大脑等其他著名的思想实验一样，在三维空间里，估计我们没办法验证猴子们究竟能不能打出莎士比亚作品。

但人类还是发现了开外挂的方法。

大家都知道，有一种游戏外挂是可以让你的角色 24 小时挂机然后可以实现按键的自动输入（刷怪或者抢宝箱），你只要预先录制好连续按键动作，再通过指定某些按键的组合来触发，就可以模拟真人重复进行按键的输入。有时候挂上一晚比自己辛辛苦苦打一星期的收获还要大。

2008 年，华盛顿大学结构蛋白科学家 David Baker 设计开发出一款名为 Foldit 的在线蛋白质折叠游戏，这款 Foldit 游戏让玩家用各种氨基酸自由随意组装蛋白，最终拼凑出目标蛋白的完整结构（图 3-5）。

借助全世界几十万普通玩家的群体智慧，David Baker 迅

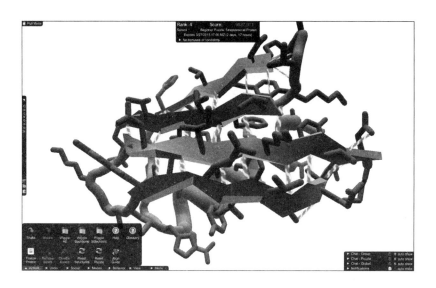

图 3-5　在线蛋白质折叠游戏 Foldit（图片来源网络）

速攻克了许多蛋白结构未解之谜，其中一个蛋白结构据说曾困扰科学研究者 15 年之久。这个与艾滋病毒相关的蛋白结构，竟然在短短 10 天内被 Foldit 的大量草根用户轻易破解。有趣的是，David Baker 也颇具玩世不恭的精神，不仅大胆把"多人联机游戏"（Multiplayer Online Game）直接放在论文的标题中发表到全世界最权威也最具名望的科学期刊《自然》杂志上，更是光明正大地在论文作者栏大书特书"超过 57000 Foldit 玩家"——他们所属的机构则是"全世界"（Worldwide），简直相当于直接告诉服务器"我开了挂"。

Foldit 完成蛋白结构突破的方式就是使用了近几年炙手可热的**众包（Crowdsourcing）**思想，利用零散的非专业用户完成大规模复杂的专业性感知或计算任务。在 Foldit 这个例子里面，绝大多数参与玩家不具有蛋白质研究的任何知识，甚至不知道蛋白质结构为何物，就像游戏外挂并不知道自己操作的那几个键是什么意义一样，但最终却恰恰是这些用户的参与完成了资深蛋白质专家尚且需要花费毕生精力才可能攻克甚至无法攻克的科学难题。

更不可思议的是，这些新攻克的结果不仅超出了所有参与者所具备的知识总和，甚至超出了人类认识的边界——发现了新的知识！而完成这样一个巨大飞跃，倚靠的并不只是一位聪明绝顶的科学家、一个高端的算法或者一台超群的计算机，而是一个将大量用户的知识联合到一起的网络化平台。

其实，工业互联网的核心就是通过信息网络使原本割裂的工业数据实现流通，从而变成一个"智能网络"。我们可以概括为"感、联、知、控"四大环节：首先，复杂多样的工业生产实体智能地识别、感知和采集生产相关数据，即"感"环节；之后，这些工业数据在互联互通的泛在化网络上进行传输和汇聚，即"联"环节；再次，对这些网络化的工业大数据进行快速处理和实效分析，即"知"环节；最后，将数据分析所得到的信息形成开放式服务，从而反馈到工业生产，即"控"环节。根据上述特点，我们定义工业互联网为"三网四层"结构（图 3-6）。

图 3-6　工业互联网"三网四层"结构

从下到上，我们依次来看。首先是智能感知层。这是指复杂多样的工业生产实体（如机器、机组、物料以及生产人员等）实现对于自身状态、环境信息和其他实体的识别、感知和交互协作，从而实现不同生产实体之间的深度协同。这一层是打通物理世界和数字世界的桥梁，是信息物理融合的核心。

第二是网络互联层。多元联网对象组成的异构复杂网络之间形成彼此互联互通的泛在化网络，使得所有联网对象可以随时随地接入网络，实现信息和数据在不同联网对象、不同生产环节和不同生产部门之间的高效传输和流通。网络化是第四次工业革命的主要特征，网络互联则是奠定数据和服务等不同层的关键基础。

第三是数据分析层。网络化的数据有些在传输过程中被即时处理，更多的则是汇聚到中心节点后被集中处理。数据分析层负责工业大数据的存储、处理、建模、挖掘和优化等方面，为面向工业生产应用的服务提供数据支撑和决策依据。

最后是开放服务层。基于工业大数据的分析结果形成的决策依据，通过多种面向工业生产应用的开放式、共享型的标准化服务，被工业生产部门调用和实施，反馈到工业生产的各个环节，从而实现对工业生产的控制和调节，形成工业生产的创新生态体系。

以上四层中，智能感知层往下对接复杂多样的工业生产实体，连接物理世界；开放服务层向上对接工业综合应用，反馈工业生产。这四层之间既相互独立又彼此补充、相互渗透，各层均离不开网络的支持。

上述四个层次在数据处理和任务执行角度分别对应了"感、联、知、控"四个环节，从网络角度出发，形成了实体联网、数据联网和服务联网的三重联网。

首先，实体联网（Networks of Entities）。不同工业生产实体（不仅仅是机器设备，还包括生产物料和生产人员等）彼此之间形成互联互通的网络，按照特定的通信方式实现彼此之间的交流和协作。

其次，数据联网（Networks of Data）。来自不同实体和不同生产环节的数据均可以访问和传输，从而也可以汇聚到数据中心。网络化的数据真正形成了工业大数据。

最后，服务联网（Networks of Services）。面向工业生产的服务被标准化以后成为开放式的接口，可以被不同生产环节、不同部门甚至不同企业访问和请求。

> 很多 AI 的前沿成就已被应用在一般的程序中，不过通常没有被称为 AI。这是因为，一旦变得足够有用和普遍，它就不再被称为 AI 了。
>
> ——Nick Bostrom，瑞士哲学家，
> 牛津大学人类未来学院创始人

正如大卫·温伯格（David Weinberger）在《知识的边界》（*Too Big To Know*）一书中所描绘："当知识变得网络化之后，房间里最聪明的那个，已经不是站在屋子前头给我们上课的那个，也不是房间里所有人的群体智慧。房间里最聪

明的，是房间本身：是容纳了其中所有的人与思想，并把他们与外界相连接的这个网。"尽管这个网络中的知识输入都是人类本身的智慧（而非机器的智能），但是这些知识网络化之后所足以支撑发现的新知识，却超出了其中任何一个个体自身的认知极限。换言之，网络化的知识能突破单一知识本身的边界，网络化的人能打破单个个体原本的思想极限，网络化的机器能冲破单个机器原有的能力。通俗一点比方，滴水三千汇作骇浪滔天，全真七子摆出天罡北斗阵，红黄蓝三原色幻化出色彩万千，这正是互联化的魅力与能量。在这种情况下，人们最应该关心的恐怕不仅是知识本身，而是容纳这些知识的容器——网络。如果有一天一群猴子真的能打印出来一部莎士比亚的著作，那一定是倚靠了一个强大无比的网络计算系统。

所以我们大胆地预言，未来的世界一定是一个智能而互联的世界，数字化漫山遍野，网络化在上面野蛮生长，从而结出智能化的果实。

互联和智能，是工业互联网最基本的要求和最重要的特征。工业互联网要使得已有的制造机器、生产设备和机械机组等更加智能（Intelligent），建立开放性的网络平台，让生产过程的各类机器以及价值链上的所有环节互联化（Connected），从而达到整个生产与服务的智能化（Smart）。

三个臭皮匠能不能顶个诸葛亮不好说，但三百个三千个三万个臭皮匠拧成一股绳的话，诸葛亮也断然不敢小觑。

不过话说回来，即便我们信心满满，也总难免有时疑虑重重。人类每一次面临跨时代的崭新技术都免不了患得患失。前面提到了三大镇界定律，最后我们再用一条不完全是定律的定律来结束本节。这条定律来自阿瑟·克拉克（Arthur Clarke）。克拉克以撰写科幻小说闻名，与艾萨克·阿西莫夫（Isaac Asimov）和罗伯特·海因莱茵（Robert Heinlein）并称为 20 世纪三大科幻小说家。最近刘慈欣的《三体》和郝景芳的《北京折叠》因获雨果奖引起轰动，而克拉克的作品曾多次获得雨果奖和星云奖双奖。不知道克拉克的人，也许看过或者听说过他所著的《2001：太空漫游》（图 3-7）。这部科幻小说的典范所翻拍的电影也被奉为科幻题材电影的扛鼎之作。书中克拉克的三句名言，也被不成文地称为了"克拉克三大定律"。其中的第三定律讲到，**任何足够先进的技术，初看都与魔法无异**——这大概是三十多年前人们看互联网、十多年前人们看物联网，以及今天人们看工业 4.0 的一个略带夸张但也符合实情的描述。而其第一定律更加耐人寻味，它是这样说的："一位学界耆宿，如果他说某件事情是可能的，几乎可以肯定他是对的；而当他说某件事情不可能时，他很可能犯了错"。

图 3-7　电影《2001：太空漫游》海报（1968 年）

INTERNET OF EVERYTHING
FOR NEW INDUSTRIAL REVOLUTION

第四章

不食人间烟火的未来工厂

富士康如何摆脱"血汗工厂"的称号？天津爆炸事件可以预测和避免吗？为什么机器有时候可以轻而易举帮我们解开千古难题，有时候又"笨"得如同一只猩猩？人类使用机器的正确姿势是什么？

　　智慧工厂的特性难以尽述，但其核心本质可以用一个词概括，那就是"互联"。

　　为什么要"互联"？因为只有互联才能实现自动化，进而实现智能。

　　放眼望去，很多工厂的信息流通还在依靠人力而非机器。世界范围内绝大多数工厂都面临信息孤岛的问题。我国的工业现状更是如此，前些年的经济发展模式甚至与自动化趋势背道而驰：在制造行业中用人力代替资本。

　　有人会说，那又怎样？用机器和用人，有什么区别吗？还有人担心，机器会不会抢了人的饭碗？

　　先来看第一个问题，为什么制造业需要机器。

"血汗工厂"的转型

　　2006 年，第一财经日报记者曾在《员工揭富士康血汗工厂黑幕：机器罚你站 12 小时》一文中揭露了富士康当时的工作环境：

　　"生产线上没凳子，除少数员工外，一般操作工都必须连续 12 个小时站立着干活，不得说话。在公司流传的一种说法是，假设在车间里设凳子并允许说话，将会影响员工的工作效率。"

在世界日报《富士康跳楼员工：1 人顶 2 人用》的报道中，提到关于工作时间的描述：

"小丽说，员工手册规定每工作两个小时就可以休息十分钟，但是很多时候都不能按规定休息，往往是除了中午休息一小时外，一天就只有十分钟的时间上洗手间。有的部门甚至长期要加班三个小时。小林表示，金融危机后，富士康为了压缩人力成本，普遍存在一个人要干两个人工作的现象，一提起上班，整个人就没劲了。"

一位不愿透露姓名的富士康员工曾经如此形容他们的生活："干得比驴累，吃得比猪差，起得比鸡早，装得比孙子乖，看上去比谁都好，五年后比谁都老。"

富士康，全名富士康国际控股有限公司（Foxconn International Holdings Limited），1974 年在中国台湾成立，1988 年开始在深圳设厂，为鸿海集团持股超过 70% 的子公司。现有员工 60 多万，2009 年营收为新台币 1 兆 4 千 2 百多亿（约合 445 亿美元），2008 年出口总额占全中国大陆的 3.9%，分公司与工厂分布于世界各地。

站在富士康招工处旁边的楼上往下望，上千名少男少女挤满了几个篮球场大小的空地。他们都渴望去富士康做"普工"。仅在深圳龙华园区，就有 32 万这样的普工，不远处的观澜园区还有 10 万。他们每天的工作就是在流水线上重复同样的装配工作，绝大多数工作都不需要什么技能。进入工厂后，他们就开始过着机器般的生活，没有交流，夜以继日地加班、孤立、疏离。

2010 年 1 月至 5 月 27 日，短短不到半年间，有 12 名富士康员工跳楼。

"血汗工厂"的悲剧令人唏嘘，也刚好回答了前面的问题：如果可以不需借助人力亲自操作机器，而利用动物以外的其他装置元件或能源，来达成人类所期盼执行的工作，也许就可以避免悲剧的发生了。

自动控制（Automation Control）理论应运而生，它指的是在无人参与的情况下，利用控制装置使被控对象或过程自动地按预定规律运行。可以说，自动控制技术有利于将人类从复杂、危险和烦琐的劳动环境中解放出来并大大提高控制效率。

机器取代人力不仅可以把人类从流水化的枯燥工作中解放出来，更重要的是，这也符合先进生产力的发展趋势。

身为世界工厂的中国，随着近年来经济的腾飞以及严格的人口控制，劳动力不再便宜，生产成本快速飙涨。但是其他劳动力密集国家如越南、缅甸、柬埔寨等地的基础建设与人口素质，与中国还存在着或大或小的差距。

因为有着这样的断层，使得生产厂商无法继续循着雁行理论，再度将厂房移到更有成本优势的地方，进行技术转移。只有用机器人取代人力，实现工厂的自动化控制生产，才能够维持低成本，创造高利润。

2011 年 7 月 29 日，富士康科技集团董事长郭台铭在深圳出席员工联欢晚会时对媒体表示，目前富士康有 1 万台机器人，明年将达到 30 万台，三年后机器人的使用规模将达到 100 万台。未来富士康将增加生产线上的机器人数量，以完成简单重复的工作，取代工人。

到了 2015 年 7 月，富士康自动化技术发展委员会总经理戴佳鹏称，富士康的中国工程已有 5 万台可操作的工业机器人。这些能够执行包括冲压、印刷、打磨、包装和测试在内的 20 多项生产任务的机器人主要是为了替代"3D"岗位的员工，即肮脏（dirty）、危险（dangerous）和无聊（dull）的工作。

"既是出于安全性考虑，也有人力短缺的因素"，郭台铭在发布会上强调，富士康的目标是至 2020 年，其中国工厂达到 30%的自动化水平，就此告别"血汗工厂"的身份。

如果把自动控制水平比作游戏中的物理装备，那么信息管理水平就是魔法等级。要想打赢 BOSS，不仅要有加防加攻的先锋盾和圣剑，更要有能瞬移、补血的魔法技能。

同理，智慧工厂并不单单关注底层的自动化设备，还注重信息化的建设，让底层设备与上层的信息系统相融合，达到数据信息系统间的交互与响应。

也就是真正把"人"从工厂中解放出来，不仅不需要制作，甚至也不需要看管。

听起来很美好，但是现在制造企业信息化往往存在着以下难点：

- 首先是生产过程不可视。这主要体现在不能实时了解生产现场中在制品、人员、设备和物料等制造资源和加工任务状态的动态变化。

- 第二是生产过程复杂关键数据难采集。由于产品结构和加工工艺的复杂性，造成生产过程中包含了高温、高压和高辐射等一系列恶劣条件，生产环境复杂多变使关键数据难以准确采集。

- 第三是现场各种标准不统一。且不说不同厂商的生产总线不易统一，就是传得过去也可能无法读出来。我自己就曾在北京经历过同一间医院里连在一个局域网上的不同机器之间的数据都没法互相读取这么不可思议的事，而且这个医院还是个即使排一夜队也未必能挂上号的著名医院。

- 第四是制造过程信息的真实性差。现场数据信息过多依赖人工录入，这往往增加了出错的概率。

所以制造企业迫切需要对制造过程进行信息化与自动化的融合，这也正是智慧工厂的首要任务——打通信息化与自动化之间的"任督二脉"。

具体怎么做？还是那两个字，"互联"。从物理上的互联，逻辑上的互联，到数据上的互联，互操作上的互联。

更重要的是，信息化管理水平的提高并不仅仅是为了减少 CD（cooldown）时间，有时候，还可以拯救鲜活的生命。

消防官兵的逆行

2015 年 8 月 12 日，一个再普通不过的夏天。夜色正浓，很多人难耐暑意，早已沉沉睡去。

突然，天津滨海新区传来一声巨响，过了不到一分钟，又是一阵地动山摇，比先前更巨大的爆炸声炸裂了整个天空，一时间，火光冲天，蘑菇云腾空而起。

这就是震惊全国的 8·12 天津滨海新区爆炸案，这起事故共造成 165 人遇难，8 人失踪，798 人受伤（伤情较重 58 人、轻伤 740 人），直接经济损失 68.66 亿元人民币。

彼时，不到半年的时间，全国各地已经发生了四起不同程度的化工爆炸案：

2015.7.16 山东日照石大科技石化公司发生爆炸；

2015.5.25 江西赣州泰普化工厂发生爆炸；

2015.4.21 江苏南京扬子石化厂发生爆炸；

2015.4.6 福建漳州 PX 项目爆炸。

在我国，死亡 30 人以上，重伤 100 人以上，直接经济损失 1 亿元人民币以上，就被划分为"特别重大事故"等级。

天津滨海新区这起"特大事故"的原因为何？

根据事故调查组出具的事故责任说明书中显示，其直接原因是"天灾"。当时瑞海公司危险品仓库运抵区南侧集装箱内的硝化棉由于湿润剂散失而出现局部干燥，在高温（天气）等因素的作用下加速分解放热，积热自燃；引起相邻集装箱内的硝化棉和其他危险化学品长时间大面积燃烧，导致堆放于运抵区的硝酸铵等危险化学品发生爆炸。

天灾难以避免，却可以防患于未然，监管不当降低了这个防患于未然的可能性。瑞海公司的危险化学品仓库之所以能建立在人员稠密的居民区附近，是在规划国土部门的帮助下非法取得了规划许可。瑞海公司经过审批的图纸中写的是"普通货物"，但实际上设计图纸中写的是"危险货物"，暗度陈仓地骗取了规划许可，进一步往下施工建设。调查组认定，瑞海公司严重违反有关法律法规，是造成事故发生的主体责任单位。同时，有关部门存在有法不依、执法不严、监管不力、履职不到位等问题。

此外，8·12 天津爆炸事故还反映出了一个被我们长期忽略的问题：因信息不畅导致的救援不当。

165 人遇难名单中，参与救援处置的公安现役消防人员有 24 人、天津港消防人员 75 人、公安民警 11 人，事故企业、周边企业员工和周边居民 55 人。

为什么会造成这么多消防员牺牲？

事故调查组技术组组长杜兰萍回应道，首先，企业违规超量存储易燃易爆剧毒危险化学品，远远超过了企业的设计能力，尤其是它严重违规，在运抵区内存储了危险性极高的物质——硝酸铵，硝酸铵不允许存储，应是直取直运。

其次，消防人员到场之后，向现场人员了解情况。现场人员却不能提供准确的信息，尤其是没有告知现场存有大量的硝酸铵，造成指挥员不能够对火场的现状做出充分的危险预估。

第三，从监控视频中和事后消防员供述中得知，爆炸前，火灾一直呈稳定燃烧状态。在毫无征兆的情况下，极短的时间间隔内，连续发生两次大的爆炸。虽然消防员已经撤离到最初发生火灾的运抵区外围，但是仍然处于爆炸的中心区内，猝不及防，所以造成了重大的人员伤亡。

不知道企业违规——不知道现场有硝酸铵——不知道爆炸已经发生。一切的一切，都是因为信息的孤立和传递滞后。

其实日常生活中也不乏因连接不畅而造成麻烦的例子。2016 年的 7 月，我带着家里人去著名的中国照相馆照相。为了尽量不排队，我这个放暑假的人挑了一个工作日的上午。服务台告诉我一个全家福可以选择大师、名师或者是高级照相师，价格不一。考虑到价格差距不大，而我们的要求也不高，我就问："您看选择哪个能快点儿呢？"。前台："我们这儿俩人登记，我可不知道她那边开了啥票儿。我这里开了 3 个都是名师的，高级的刚才来了一大群好像是预约的不知道是几拨人每个照几组。"我："那您给查查？"前台："哎哟这可怎么查呀，楼上三台电脑，楼下只有我们两人，这些电脑又都没连着……"费了 5 分钟口舌，我干脆楼上楼下跑了 10 分钟，搞清楚高级和名师在 2 楼各有一套照片处理系统，目前各排着 3 组人，3 楼大师排队的只有一组但是有 3 个预约，不过大师今天来了两个并行开拍，而且预约的有两组人未按时到达，还有一组是婚纱特别费时间，不过目前化妆的新娘子不满意好像要重新画，我看了一眼新娘子估计这要画好了还是相当需要时间的。于是果断定了大师，果然，上到 3 楼等了几分钟，就轮到我们了——预约的还在路上，化妆的还在等新换的化妆师。

话说，互联到底是有多难的一件事啊？看起来，既有"挟泰山以超北海"（我不能，是诚不能也）的部分，而更多的是"为长者折枝"（我不能，是不为也，非不能也）吧。

智慧从深度互联开始

受益于云计算、大数据和移动应用等技术的兴起，企业的生产运行方式也发生了改变。不仅传统依靠人力控制的车间正逐渐被自动控制取代，大量无序、冗余、残缺的信息也可以被快速整合监测，这也就是我们常说的信息化管理。

说到信息化管理，一般后面都会跟着两个看起来很专业的缩写：ERP 和 MES。ERP（Enterprise Resource Planning）是现代企业标配的企业资源计划系统，而 MES（Manufacturing Execution System）是跟自动控制有关的制造执行系统。

这两个专业名词到底指的是什么？ERP 系统就是让企业对信息进行有效整合和有效传递，并对企业资源在购、存、产、销、人、财、物等方面优化配置和合理利用。MES 系统则是对订单下达到产品完成的生产过程的管理优化。所以广义上讲，MES 应该是 ERP 系统的子集，在 ERP 系统的管辖范围内运作。但残酷的现实则是，许多企业只有 ERP，没有完整的 MES，或者 MES 并没有和 ERP 连接起来（图 4-1）。ERP 和 MES 像两座孤岛，之间通过脆弱的锁链桥连接（可能是不完整的信息传递渠道，更多的是人工报表的方式）。

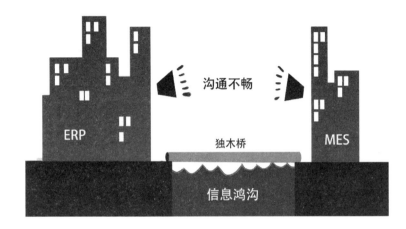

图 4-1　传统工业生产存在信息鸿沟

　　简单说，在工业 3.0 时代，我们缺少两类连接：高度自动化的机器设备及生产原料之间和制造生产系统与信息管理系统之间。现在，我们要把工业生产从现状升级到工业 4.0，至少要建设和打通三个"互联"：

　　（1）生产制造设备之间的互联。生产制造设备之间高度互联是工业自动化的进阶阶段。自动控制系统不仅能按照既定控制流程完成产品从下单到出厂的过程，同时能根据实际的生产条件和生产环境进行智能协作。**机器崛起（the rise of machines）**是工业 4.0 的一个酷炫标志。机器将比从前更智能，这体现在机器之间可以更高效地互相配合，机器与人员之间也可以更方便地协同。某些情况下，机器成为辅助人工作的一部分；在另一些情况下，人反过来成为支持机器工作的一部分。

（2）生产制造系统和信息管理系统之间的互联。制造系统和信息系统之间的隔阂是当前工业领域的深深隐患，不治将恐深。生产制造和信息系统的脱节，导致在原料采购、生产需求、财务预算和工期控制等方方面面的步调不齐和协调无力，灵活的生产控制几乎不可能实现。生产过程一旦出现一些计划外的变动，前线生产系统可能根据实际状态采取相应的措施，但管理系统并不知道，导致生产和管理"驴唇对不上马嘴"。事实上，工业领域现状远不止这两座孤岛，设计、采购、制造、财务和办公等系统也是彼此脱钩，各自为营。例如，建造一座火电厂，设计部门画好图纸，采购和财务部门却无法从图纸上自动得到物料表，而只能根据火电厂的规模凭借经验进行预算。采购多了还只是浪费，一旦关键物料少了，可能直接导致工程延期，不能按时交付——由此给项目带来的损失是巨大而难以预计的！由此可见，虽然许多企业信息化标签的确有之，但可能每一个子系统都是不同的公司（在不同时期）开发的，根本谈不上彼此之间的互联。只有让这些信息孤峰连成一片山脉，才能显现工业互联网的威猛功力。

（3）生产设备和生产物料之间的互联。智慧工厂内的互联无处不在。即使是生产物料、生产过程中的半成品和生产设备之间也有顺畅的信息通道。生产物料或者过程产品具有"自知性"，知道自身的产品属性，并且借助网络连接可以和生产设备对话。为什么需要这样的连接？为了灵活可控的生产。以皮带加工厂为例。用户胖瘦不同，皮带长度需求不同。现在的皮带厂商为了解决这个问题，采取了一种不得不说很巧妙的折中办法：冗余打孔。但终究还是免不了有时候要自己动手裁剪皮带的尴尬。如果生产设备和生产物料之间能通信，则情况大有不同。一条尚未打孔的皮带进来，其自带信息提示这是给大腹便便的王二的，要长！于是机器裁减了精确的长度；下一条过来，显示这是给瘦骨嶙峋的李四的，得短！于是机器妥帖打出了合适的孔。如此一来，即使是批量生产的非定制产品，每一件也都具备唯一的标识，是独立可识别的，包含了其自身独一份的产品制造信息以及使用信息等。特别是，即便尚在制造过程中的一件产品，也能够知悉其自身的制造过程。换言之，在一些特定的环节，一件产品可以参与自身的制造过程，而不是完全依靠外部力量打造（图 4-2）。

这些互联的技术实现方式多种多样，可能是物联网，也可能通过 Wi-Fi，甚至就是一个 RFID（Radio Frequency

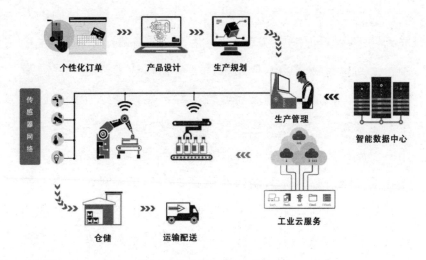

图4-2 互联的工业生产流程

Identification）标签或者一个容迟网络（Delay Tolerant
Network，DTN）模式的网络体系。制造机器、机器人、运
输机、仓储系统及产品线等制造资源将不仅是自动化的，而
且是能够根据环境条件自主调整和自我配置的。同时，智慧
工厂不仅是单一的一座工厂——那就丧失了工业4.0的所有
意义——而是会跨越不同的企业的价值网络之上，形成制造
过程和产品之间端到端的工程集成。生产力进步导致工业生
产系统复杂度不断升高，而智慧工厂正是力图使得这种复杂
性对于企业员工而言可管可控。在智慧工厂中，在产品设计、
配置、订单、计划、生产、经营及回收等不同的环节都需要

并且也能够考虑与用户相关或产品相关的特征。这使得生产过程高度灵活，在产品生命周期的任何一个环节，都可以进行便捷、迅速的调整。

在"互联"的作用下，传统工业将被重新定义，机器、设备、物料、人员等生产对象将以前所未有的程度连接在一起，从物理对象连接，到人机连接再到数据和服务连接，形成一个全新的网络化工业平台。这个平台将渗透到工业生产的研发、设计、生产、销售乃至服务等各个环节，成为企业提升效率和创造价值的推动力。

使用机器人的优点真是数不胜数，机器操作能使生产速度变快、出错变少、更加精准。机器也完全不会粗心、不会偷懒、不会疲劳、没有情绪，不会自杀。更让老板开心的是，他们不必支薪，也不必负担可观的员工福利、劳工保险和老年退休金等人事成本。更不必担心职场环境的安全与否，也不会被投诉。

那么，机器会不会抢了人的饭碗呢？

关于这一点，Google 联合创始人谢尔盖·布林（Sergey Brin）表示："机器在过去一个世纪以来就在不断取代人力，这样的趋势未来也会继续，因此并不认为在短期内对劳动力的需求会消失。"其实人力需求将会转移至更多全新领域，因为人类的欲望无穷，总是想要拥有更多的产品、娱乐、创意或各式各样的事物。在短期内，工作机会并不会消失，只是从一个地方转移到另外一个地方。长期来看人们也会有更多的时间从事娱乐活动和创造性的劳动（图 4-3）。

图 4-3　人与机器

也许，当机器能够替代人类的一切活动时，我们就会把更多注意力放在活动本身，追求它们的内在价值。

什么？机器会不会有独立思想？

即便我们人类大部分都还没有独立思想，何必要去担心机器有没有独立的思想呢。

INTERNET OF EVERYTHING
FOR NEW INDUSTRIAL REVOLUTION

第 五 章

一大波智能产品正在靠近

一件普普通通的产品，一旦刻上个人的、私有的和独特的印迹，其价值就大不相同，仿佛一件量产之物一下子就成了世上的孤本，这也许就是智能产品最动人的地方。

说起智能产品，恐怕一千个产品使用者就有一千种理解。背包客觉着出门能定位导航的手机是智能，宠物迷认为给猫狗戴个蓝牙项圈是智能，运动狂热者戴个监测步数和心率的手环也智能，减肥族觉得有个自动记录的体脂秤很智能……现在，各种"智能"产品已然充斥市面，在不同的消费者看来，有些是智慧的魅力，有些却像是愚蠢的玩物。智能产品有没有一个明确的定义呢？

从企业角度讲，智慧工厂和智能产品最终都是为了创造更大的价值和利益，同时为用户提供更好的体验（当然这也还是为了更大的利益）。利润等于收入减去成本，智慧工厂通过自动化控制和信息管理系统降低了成本，智能产品则承担了增加收入的重任。

现在大多数国家的居民已经摆脱了贫困和饥饿，狄更斯笔下"饥饿到处横行"、广大百姓以"桑叶草"为食的情景已经很难想象。一百多年来，取而代之的是肥胖率不断攀升。1980 年以来，世界肥胖症患者人数差不多翻了一番。现在，大多数国家死于超重和肥胖的人数大大超过死于体重不足的人数。

不仅仅是食品，衣食住行在如今都是应有尽有，不怕没有货，就怕你没钱。摆在我们面前的也不是匮乏，而是太多！消费者开始嚷嚷着要"剁手"，"极简主义"反倒成了新时尚，这个时候，人们对产品的选择往往不再看重功能性，而是产品上的附加值，也正是这些附加值才会激发人们的购买欲。

哪些属于"附加值"？在未来工业互联网的时代，智能产品的附加值主要来自以下三个核心能力：计算、联网和感知。

以智能手机为例（这也是大家最熟悉的）。手机是电信融合的枢纽，更是集照相机、GPS、音乐播放器和游戏机等多种功能于一身的工具，只要装上了特定的应用，它就可以把一切都联结起来，成为你进入全世界知识宝库的大门。此外，它还在无时无刻地记录你的路径、了解你的习惯、分析你的数据，通过算法帮你做出最优选择。当然这一切记录都是通过摄像头、麦克风、陀螺仪、光线传感器和指纹触控板等多种传感器感知得来的。

非严格意义地讲，在"计算、联网、感知"中，只有计算和联网能力的是计算机，只有计算和感知能力的是传感器，而只具备感知和联网能力的则是诸如摄像头等设备。对于真正的智能设备来说，这三个能力缺一不可。据此，我们可以总结出三条鉴别产品智能与否的有力规则：

（1）任何产品若不同时具备计算、联网和感知这三个能力，则不可称为智能产品；

（2）从市面上任举一款智能产品，皆不出这个特性；

（3）如果有"智能产品"违背了这个特性，请参照上述

第一条。

重新拿起你的手机，摸摸你戴的手环，如果你现在正在路上看这本书，看看你周围有没有人开着平衡车"呼啸而过"。现在，你已经比大多数消费者更为理性，更不容易被商家忽悠，一冲动就去买了个"智能"扫地机器人，然后在某日早晨发现它和地暖一起非常努力地把狗拉的大便均匀地涂在地板上。

目前我们所见的多是消费级别的智能产品，对于工业互联网革命下的工业级别智能产品，这三个能力同样适用。由此，就引出了未来工业时代智能产品的第一个趋势：信息变现。

吃的是信息， 挤出来的是价值

工业互联网时代的一个重要产品特征是，信息技术不再仅仅是工业生产线和生产管理过程的组成部分，同时还直接成为工业产品的一部分。甚至在智能产品中，看不见的"信息"部分的价值将反超看得见的"工业"部分的价值。产品中集成的嵌入式传感器、处理器以及网络通信模块，存储在云端的产品数据、用户数据以及基于这些数据开发的创新应用等，都极大地提升了产品本身的功用、性能和价值。

智能产品就像新时代的奶牛，"吃的是信息，挤的是价值"
（图 5-1）。

图 5-1　新时代的"奶牛"："吃的是信息，挤的是价值"

先看我们常见的运动手环。小小的手环上首先集成了加
速度传感器和基本的处理单元，以记录用户的运动数据。但
如果仅止于此，不是说这款产品价值不高，而是不太可能会
有用户愿意购买它。因此，我们所见到的手环都还至少包括
了以下功能：数据通过蓝牙等通信接口自动同步到智能手机
上，智能手机上匹配了相应的 App 来实现对用户运动数据的
记录、分析、管理和分享等。更进一步，将大量用户的数据
连接到云端，或者开放给其他社交产品（比如微信运动），还
可以开发出排行榜、公益运动等一系列对用户颇具吸引力的
应用。这样一来，一款名为运动手环的产品就不再是简简单

单的一个手环了：不仅它自身的价值增加了，对用户而言，产品的吸引力和使用黏性也增加了。商家卖的、用户买的都不仅仅是一个看得见的手环，而是背后看不见的信息价值。

类似的产品已经大量涌现，相同的产品思路大行其道。这些产品挣脱了传统印象中单纯的软件或者硬件的限制，往往是从底层硬件到顶层应用纵向高度集成的新形态产品。与其把这些产品称为"智能硬件"，我们更愿意称其为智联件（Smartware），以区别于传统的硬件或软件。对于这些智联件产品，网络和感知数据在其中扮演了重要的角色，由此企业才能创造新的服务，获取额外的价值利益。大量的用户数据通过网络聚合到一起，进行集中的大数据处理与分析，才有可能从中发现市场的规律和用户的需求，从而提供有吸引力的产品服务，并制定合理的生产策略。

再看远一点，智能产品不仅是感知了用户数据，它同时也能感知自身、监控自身。智能产品从工业生产线制造完成后，产品首先清楚自身的运行参数，即知道在什么参数下产品性能最佳，在什么条件下应该停止工作。比如一款只能在零下10度以上环境工作的设备，突然遇到北极寒潮来袭，温度骤降到零下20度，如果该设备是智能的，则可以在设备冻坏之前自动停止工作或者提醒其使用者。其次，智能产品能监控自身的运行状况，知道什么情况下产品出了故障。更进一步，出故障的产品可以尝试自我修复，或者自动联网主动报修。这种自感知、自监控的特性，我们称之为智能产品的自知性和自治性。

这一点现在听起来还颇需要一些想象力。但仔细一思索，其实已经在悄然发生。回想从前使用闹钟，如果有一天闹钟突然不响了，你很难在第一时间确定是自己忘记设定闹钟了，还是闹钟电池耗尽了，或是闹钟坏了。对比现在，绝大多数的智能产品在低电量时都会以友善的方式反复提醒用户，还会主动切换入低功耗模式以节省电量，有些甚至可以主动寻求充电（自动回充功能）。

固然不可思议，但地火在地下运行，熔岩即将喷发，我们所设想的甚至超乎这设想的智能产品终将来临——而信息技术，是一只看不见的手，是徘徊在未来工业时代上空的"魔法师"。

> 宁可相信自己是一个麻瓜，不相信世上并无魔法。
>
> ——哈利·波特的粉丝们

打造你的私人王国

工业互联网的另一个颠覆，是个性化定制时代终于要来临了。

定制化与个性化是极其自然且充满人道主义情怀的事情。歌手（兼"段子手"）李健曾在湖南台《我是歌手》节目里调侃节目组准备的奖杯"工业气息浓厚"，而定制化则恰恰是让工业产品"人文气息浓厚"的重要方式。

对于一个普通的产品，一旦刻上个人的、私有的和独特的印迹，其价值就大不相同，仿佛一件量产之物一下子就成了世上的孤本。2009 年，天涯论坛上曾有一篇讲述平凡世界里的凡人奋斗故事的热帖，标题叫《我奋斗了 18 年才和你坐在一起喝咖啡》，轰动一时。这个故事如果放在今天的上下文里，我们更希望这杯咖啡是为主角偏爱的口味和他当时的心情量身定制的。苹果公司深谙此理，虽然不能提供完全的自由定制，但从 iPhone 5s 开始不断推出新的产品配色方案，于是大量追求时髦的用户毫不犹豫争相购买新色产品（比如所谓的土豪金），以显示其与众不同，普罗大众"求异"心理可见一斑。

史无前例的多元选择时代被构建了起来，"均码"不再适合所有人（图 5-2）。

图 5-2　"均码"不再适合所有人（图片来源网络）

包容差异和尊重个性是人类文明进步的一大标志，满足个性化需求则是社会生产力进步的长期诉求。事实上，从第三次工业革命开始，个性定制这个词就不再陌生。第三次工业革命解决了"规模化"定制生产难题，满足了许多企业大客户的定制需求。近年来，随着 3D 打印（也就是增量制造）的不断发展，"个性化"一词成为各大商家的卖点。

我第一次见到 3D 打印机时着实被震惊：一盆静止不动的液态树脂，激光像闪电一样跟踪其中的形状，原料盆中产生出各种形状，仿佛有一种魔法从空中变出了各式东西。这简直就是《星际迷航》里的那个拥有神奇能量技术的"复制器"。

但直到现在，"个性化"定制生产依然"道阻且长"。按照传统的流水线生产模式，标准化的流程注定是规模化量产。定制化生产难就难在实现个性化，不只是规模高达一万的订单可以接受定制，数量只有一个的订单也可以定制，并且定价不应高出太多。然而个性化又几乎与量产天生矛盾，如果为一个（而非一款）私人订制的产品打造一套流水线过程，则意味着生产成本无限扩大。试想，即便是今天，如果你拥有一辆高档定制的轿车（无疑你为此花费巨大），很可能你的轿车就如同可怕的定时炸弹，令周围所有的车辆都避犹不及——对于非标准化的零部件，你造得起，别人还赔不起呢！

不过，在工业互联网的嘹亮号角下，人们已经可以听见个性化定制生产的序曲了。苹果公司开始为用户提供在平板电脑等产品上镌刻姓名等信息的服务，耐克的服装也可以定制用户的个性化信息，国内的青岛红领集团数年前就实现了以制式成衣的价格生产"量体裁衣"的定制西服等。当年看电视每次看到奥利奥饼干"扭一扭、舔一舔、泡--泡"的广告，我都忍不住会心一笑，饼干泡牛奶的创意吃法也因此印象深刻。今天，奥利奥饼干再次升级，提供"花样表情自造工厂"，可以将自己珍藏的表情或者心上人的脸谱印在饼干上，同时还有多种饼皮可选，开启了饼干界的定制化进程（图 5-3）。

图 5-3　奥利奥花样表情制造工厂

从规模化定制生产到个性化定制生产，第四次工业革命将对此交出一份答卷。**个性化量产**（这个词组看起来矛盾得令人向往）是第四次工业革命要实现的关键转变。一旦开启智慧工厂模式，生产资料、生产设备与产品等所有的生产元素之间可以相互配合和协同，设备能够自治生产，制造过程高度模块化和分散化，由此才有可能完成个性化定制产品的量产。

当有一天，我们坐在图书馆或者咖啡厅里，在自己匠心独"制"的笔记本电脑上敲击完一篇或婉约或豪放的文字，移动根据个人手形 3D 数据量身设计的"人体工程学"鼠标，轻轻点击推送，然后拿起从硬件到软件都是私人定制的手机，把刚刚推送的文章分享出去，再附加一句淡淡的感慨"我就是我，是颜色不一样的烟火"——这大约是工业互联网将带给我们的体验，并且我们不必为此付出昂贵的代价。31 年前，我在中关村邮局排了一个长队之后才终于花了四元一角钱打了北京到合肥的十几秒长途电话，确认暂失联半个月的家人已平安到达；在互联网发达的今天，还有谁会为了和异地的朋友聊一会儿天而付出那么高昂的代价呢？

华山论剑： 网络与数据

在金庸先生的武侠小说里，出过风清扬、袁承志这些顶尖高手的华山剑派分为剑宗和气宗，咱们东施效颦来模仿一下这个说法，把工业互联网实现个性化定制这一雄伟目标的路子分成"网宗"和"数宗"（图 5-4）。

第一派——"网宗"

"网宗"的顶级招式在于网络化的智慧工厂。智慧工厂中，生产线上的机器不再是执行固定动作的"死机器"，而是可以根据具体生产任务灵活调节的"活机器"。这是因为生产

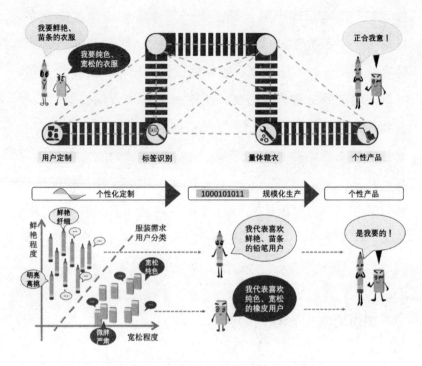

图 5-4　工业互联网个性定制：网宗与数宗

原料和产品本身都是网络化的对象，能够和生产机器对话。制造过程中的产品就已经携带了最终成品的定制属性信息，在生产过程中可以告诉生产机器该对它做什么特定的动作以满足定制要求，最终出来的成品自然也包含了定制用户的识别信息。

　　我们在上一小节已经描述过智慧工厂的这一特性。温故而知新，再举一个服装加工的例子。

青岛除了有啤酒之外，也是纺织业的圣地。人们常说的"上青天"便是对当时中国三大纺织工业基地——上海、青岛和天津的简称。

在这片纺织业的优渥土地上诞生出伴随着工业 4.0 成长起来的定制化服装厂也不足为奇。红领集团就是其中一例。它搭建了一个全球服装定制供应商平台，通过这个平台，消费者可以自由输入自己的体型数据和个性化需求，最后拿到属于自己的 DIY 服装。

具体是怎么做到的？过去，定制服装的裁缝做法无法在制式成衣的工业流水线上实施，最主要的是不知道当前制作的这件衣服是为谁定制、属性几何，于是只好标准化几种不同尺码。网络化之后，一件衣服的半成品到达流水线上的某一环节，机器可以立即通过这半成品上的识别标签读到这件衣服的定制信息，从而控制机器或者通知员工定制规格处理。由于定制信息是自动识别、记录和传递的，制式成衣流水线的效率几乎不受影响，但出来的衣服却能有量体裁衣的效果。正是所有生产对象的网络化以及它们相互之间通畅无阻的信息交换，使得灵活可控的生产变得现实可行。

网络化大招，这是工业互联网的第一记绝杀。

第二派——"数宗"

"数宗"的绝世秘籍在于中心化的海量数据。个性化定制难，规模化定制却没那么难，那有无可能让每一次个性化定制都变成规模化定制？

这就是"数宗"的魅力。世界上有一个爱吃五仁月饼的人，就一定有另外一个、十个、百个同样爱吃五仁月饼的人。世界上有一个左腿比右腿长的人，就一定有另外一个、另外一批右腿比左腿短的人。为一个人生产一件左边裤腿比右边裤腿长10厘米的裤子，那是个性化定制；为百千万个人生产百千万件左边裤腿比右边裤腿长10厘米的裤子，就是标准化生产了。

"数宗"的机巧之处就在于，生产厂商看似为你一个人定制了一样唯你独有的产品，但实际上是为一波和你一样惺惺相惜或"臭味相投"的人生产了一批全球限量的产品；虽然厂商实际上并非为你一人定制了全球唯一的产品，但在你看来就是为你独家设计的！所以"数宗"的秘诀就在于，"欲练神功，数据集中"。将世界上千姿百态的需求全都汇聚到一起，分成千百种不同的群体，为每一个群体定制投其所好的产品，实际上就达到了为其中每一个人个性化定制的效果。

数据化大招，这是工业互联网"隐而不察"的又一必杀技！

和华山派的剑宗和气宗类似，其实工业互联网的"网宗"和"数宗"不必真的争斗，亦无是非之分，它们都是个性化定制的内力外功。若非要比拟，倒可比作倚天屠龙二方神器：

武林至尊，宝刀"数宗"，号令天下，莫敢不从，"网宗"不出，谁与争锋！

工业互联网创造了这么多大招，又是智慧工厂又是智能产品的，归根到底都是为了创造更高的效益。效益来自两方面：提升产品价值，降低生产成本。智能产品的信息变现、个性定制都毋庸置疑地大幅增加了产品价值，但也绝不要忽视了工业互联网带来的成本效益。GE 在其工业互联网报告中指出，工业互联网技术创新直接应用于各行各业，可以带来 32.3 万亿美元的经济效益。到 2025 年，随着工业互联网在更多领域内的应用扩大，其创造的经济价值将达到 80 万亿美元，约为全球经济总量的二分之一。这个比重让人震惊，但绝非 GE 拍脑袋说的数字。GE 的调研报告显示，一旦工业互联网能够取得哪怕 1% 的效率提升，其能节约的价值都是惊人的。在商用航空领域，节约 1% 的燃料可以为未来 15 年节省 300 亿美元的支出；如果全球燃气电厂能效提高 1%，可以节省 660 亿美元；全球铁路运输网的运行效率如果提升 1%，可以在能源支出上节约 270 亿美元；在油气勘探与开发中，如果资本利用效率提升 1%，可以减少或推迟 900 亿美元的资本支出（图 5-5）。而这些，都还只是工业互联网在各行各业应用的冰山一角。

通过加强制造机器、优化生产链条、发现用户需求、创

行业	环节	1%效率提升带来未来十五年效益增长
油气	勘探开发	900亿美元
铁路	铁路运输	270亿美元
医疗	系统流程	630亿美元
电力	燃气发电	660亿美元
航空	商用航运	300亿美元

图 5-5 关键工业领域 1%效率提升的巨大能量（资料来源：GE）

新产品服务，工业互联网可以带来巨大的产品价值增幅。传统的工业机器设备通过信息物理系统得到增强，实现智能化，不止提高生产效率，同时可以减少维护成本和管理成本，降低人工开销。基于灵活生产的策略，生产计划可以直面市场需求，因此库房管理成本将大幅降低。诸如此类，有夸张的言论甚至预言工业互联网可以降低四成以上的成本，因此"消灭淘宝只需要 10 年"。当然，我们很难用一个具体的数字去衡量工业互联网能带来多大的成本降低，毕竟不同行业、不同企业制造成本比重差别很大。但整体上，借助信息通信技术的优势，工业互联网不仅能实现产品高质，员工高薪，同时将大幅缩减企业生产成本。

南山荟萃： 别落了其他技术

工业互联网现在做的两件事，一是智慧工厂，二是智能产品，恰好分别处在工业生态的两端（企业生产和终端消费），是工业互联网"两手抓"的革命任务，而且"两手都要硬"（图5-6）。其实，促成工业互联网的多数元素并非全新事物，而是近几年甚至十几年前就已经出现了，但这些旧有的东西放在一起就有了新鲜的活力：传感器技术实现智能设备自知自治；网络通信技术实现泛在网络互联互通；大数据技术实现中心数据实时实效；云计算和云服务技术实现开放服务相辅相成。

这些技术就像马良手中的画笔，可以让我们用全部想象力来把未来成真。

从现在开始，我们都是设计师。

为了让作为设计师的你可以充分利用手中的工具创造出更伟大的艺术品，我觉得还是有必要**啰唆**几句，再详细介绍一下工业领域的其他相关技术。"工欲善其事，必先利其器"，在你迫不及待跃跃欲试习得十八般武艺之前，先花上几分钟

图 5-6　工业互联网也要"双肩挑"

了解一下各大掌门的情况吧。

（1）门派：传感器

- 入派装备：Adafruit 的廉价 Arduino 工具包、Weller Wes51 焊接台、sparkfun 数字万用表。

- 门派介绍：

传感器的诞生源于人类对物理世界和未知领域的信息来源、种类和数量等需求不断增加。在传感器诞生前的漫长历史发展岁月里，人类只能通过数千万年进化发展出来的视觉、听觉、嗅觉等方式感知周围环境。然而，依靠人类对物理世界的本能感知已远远不能满足信息时代的发展要求。例如在油气开采中，人类既不能感知一线油田环境中空气的复杂成分，更不能辨别某一气体成分含量的微小变化。

那么，传感器到底是什么？国际上认可的第一个传感器是 1861 年发明的。我国国家标准（GB 7665－2005《传感器通用术语》）对传感器的定义为"能够感受规定的被测量并按照一定规律转换成可用的输出信号的器件和装置"。简单说，传感器一般由敏感元件、转换元件和基本电路组成。敏感元件用于直接感受被测（物理）量，转换元件将敏感元件的输出转换成电路参量（如电压、电感等），基本电路将电路参数转换成电量输出。

在传感器上增加通信功能，就有了传感器网络（Sensor Network）的概念，物联网最初的兴起，也是传感网的理念深入人心而促成的。如果想把传感器大规模应用于工业互联网，目前面临的最大问题就是实用性，特别是尺寸、价格、移动性和续航能力等方面。10 年前，传感器网络的节点大概有鼠标那么大；电池容量有限，不能长时间工作；身价也很高，最简单的测量温度湿度的网络传感器节点的单个价格高达上百美元。如今，瘦身成功的传感器可以像纽扣一样小，可以通过无线通信连接，部署方式更为灵活。此外，传感器的电池技术也有了显著进步，能够在诸如极寒、极热和潮湿等极端环境中持续更长时间，价格也降低到只有 10 年前的

1/10（图 5-7）。

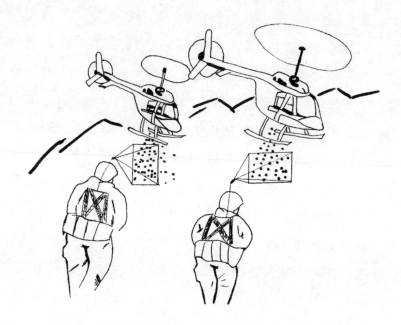

图 5-7　智慧尘埃（Smartdust）系统利用大量从空中抛散的
　　　　无线节点感知战场

　　不过在未来工厂里面，实现广泛感知也未必就一定要大规模部署传感器。受群智感知思想的启发，近年来学术界提出了不依赖于特定类型设备的非传感器感知（Sensorless Sensing）技术，进一步拓展了感知维度和感知范围，同时降低了感知成本，从广义众包的视角为普适感知应用提供了一种新的视角和可能性。

在工业互联网中，传感器位于现实物理世界和虚拟信息世界之间，扮演着直接联系两个世界的角色。传感器可以为工业设备提供实时的观测数据，以便工业设备根据实际状况调整执行策略。作为工业互联网的数据源，传感器可以应用于多种工业子领域。比如在数字油田中，传感器可以实时监测包含空气成分、水流动态和地震状况在内的多种数据，并据此控制油井运作，保障油井工人安全；在智能电网中，传感器可以在配电网实时监控电力网损和盗窃事件；在高级制造中，不同"性格"的传感器（温度型、湿度型和压强型等）可以在制造车间实时监测生产设备状况，还可以用包括视频、射频在内的多种监控手段来监测生产人员状况，以保证生产设备正常运行，生产人员安全工作。

在工业生产中，传感器的价值不仅仅限于监测单个设备或单个人员。通过将如同尘埃般无处不在的传感器连接起来，就可以把所有检测到的数据收集起来，从而感知更加全面且精细的工业生产动态。

有点想象力的同学也会发现，这不仅限于工业生产领域，如果将工业各阶段（如生产、物流、销售、售后等）的设备连接起来，就能获得整个工业价值链的图景，在某种意义上就具备了"大局观"。

不过要想将设备连接起来，还需要利用网络通信技术。

（2）门派：网络通信

• 入派装备：一台计算机；以及去一家可以免费上网的咖啡店买杯咖啡。

• 门派介绍：

其实网络通信技术最重要的技能就四点：寻址能力、统一标准、通信协议以及网络安全。

① 寻址能力。

寻址能力是指泛在网络中，所有接入网络的设备需要统一且能够唯一识别的地址，目前最常用的是 IPv4 协议。IPv4 采用 32 位地址，最多可容纳约 43 亿设备同时接入网络，这在互联网发展初期能够满足设备寻址需求。但随着网络规模的不断增大，IPv4 资源即将枯竭。2011 年 2 月，互联网顶层注册机构 IANA 已将其全部地址空间分配完毕，这些地址空间也将在未来十年间被各区域互联网分配管理机构分配殆尽。

IPv6 的出现解决了地址资源枯竭的问题。IPv6 使用 128 位地址，可容纳约 3.4×10^{38} 的设备。相比之下，地球上的沙子也不过只有大约 7.5×10^{18} 粒。从地址资源的角度来看，"让每一粒沙子都有自己的 ID"在物联网时代是完全可以做到的。

② 统一标准。

统一标准统一了什么？由于泛在网络包含了各种各样

的通信设备，这些设备具有各自不同的任务，因此对通信网络的性能有不同的需求。例如，生产网络需要实时监测生产环境，因此对网络的实时性要求较高；业务网络则需要同时处理大量订单，因此要求网络具有高并发性。需求不同，使得工业互联网的各部分子网采用不同的协议标准，从而阻碍了不同部分间的数据和信息交流。统一标准要求工业互联网不同子网在边缘遵守单一、公共的标准，包括统一的基本架构原则、接口和数据格式，以便在各个子网之间能够互通有无。

③ 通信协议。

在工业互联网中，根据不同的需求，应使用不同的网络连接方式。有线网作为工业互联网的骨架，连接了不同区域子网和终端控制中心。无线网则是连接众多智能设备的主要方式。根据应用领域对网络覆盖范围和通信带宽来区分，一般将无线网络分为广域网、局域网和个域网。无线广域网连接信号可以覆盖整个城市甚至国家，主要包括2G、3G 和 4G 网络。无线局域网在一个局部区域内为用户提供可访问互联网等上层网络的无线连接。无线个域网在更小的范围内（约为 10m）以自组织模式在用户之间建立用于相互通信的无线连接，典型技术如蓝牙技术和红外传输技术等。

以数字油田为例，大型油田按功能分为不同区域，包括采油厂、勘探院、集输厂、数据中心、仓库、处理站、生活区等。这些区域的中心设施通过有线骨干网相连，以确保通信速率和通信质量。对于油井区，根据油井分布的疏密、远近程度采用 LTE、无线自组织 Mesh 网络等技术收集数据和分发指令，并通过骨干网络与中央控制室和数据中心相连；对于油井内传感器，可以形成无线传感网，采用 ZigBee 等协议进行通信；对于移动数据接入、车载设备、视频监控设备等移动性的远程通信设备，视需求情况可以接入 LTE 网络或者无线自组织 Mesh 网络等进行通信（图 5-8）。

④ 网络安全。

在物联网时代，每个人穿戴多种类型的传感器，连接进多个网络，一举一动都被监测。如何保证敏感信息不被破坏、不被泄露、不被滥用成为物联网面临的重大挑战。而在工业互联网中，接入的设备、流通的数据都更为敏感，网络安全问题也就更为严峻。你也许从来都没有想到，如果工业系统仅仅简单地接入网络，一个高中生黑客就可能通过写几行代码，侵入自来水厂的供水设备，进而影响到你所喝的水的水质。说这话的依据是，2012 年，美国水资源部门将其SCADA 网络接入互联网，却几乎没有采取保护和隔离措施。

为了解决工业互联网的安全问题，其具体实现应满足以

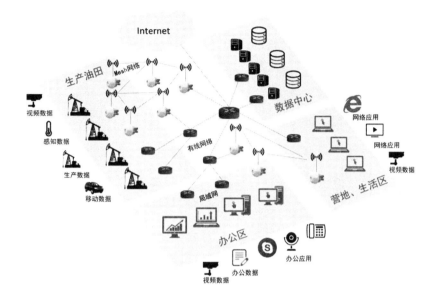

图 5-8　数字油田网络架构示意图

下两个条件：第一，将安全性作为关键设计原则。在工业互联网中，简单地、滞后地为系统增加安全特性还不够。所有关于系统安全性的事务都要从系统设计之初开始考虑。第二，为了在高度网络化的、开放的、异质的工业互联网中提供高度的机密性、完整性和有效性等安全特性，需要开发和实现专门的信息安全技术、架构和标准。

（3）门派：大数据

- 入派装备：一张高数没有挂科记录的成绩单，一台计算机，一套你喜欢的语言——流行语 Python，通用语

Java，懒人必备 Fortran，或者 R（相比于 Matlab，Java 和 C，R 是个高富帅）。

- 门派介绍：

泛在网络将工业设备连接起来，从而获取了丰富的工业数据。大数据的重要性于此不再赘述，这里主要讲讲处理这些数据的三个主要步骤：数据筛选、数据存储和数据分析。

接入工业互联网的设备制造了大量数据，然而并不是所有的数据都具有潜在的使用价值。大数据又被称为"数字宇宙"，在真实的宇宙中，大部分空间都是虚空。同样，"数字宇宙"中的大部分数据也是没有实际使用价值的。据统计，在 2013 年全世界产生的数据中，仅有 22% 的数据具有潜在的分析价值。这一价值稀疏的特性在工业大数据中也存在。面对从成百上千的设备中收集上来的数据，工业公司很容易迷失方向。

为了从大数据中"挖"出"宝藏"，我们需要问自己五个问题：目标数据是否容易获取？是否能给公司和社会带来改善？是否实时有效？是否能对大量产品用户产生影响？是否对分析其他重要数据有帮助？数据筛选可以在不同阶段完成，在下层，可以选择部署目标相关的传感器；在上层，可以根据实际需要灵活地选取和组合数据。

数据存储，即对大规模海量数据进行有效的存储。数据库系统以及其后发展起来的各种海量存储技术，包括网络化存储（如数据中心），已广泛应用于 IT、金融、电信、商务等行业。面对海量信息，如何有效地组织和查询数据是核心问题。数据仓库是面向大数据的一种存储方式，能够在统一模式下组织多异质数据源，并可以为决策提供支持。在数据仓库中，数据可以以主题的形式分类保存，同时可以从历史的角度提供汇总信息。

数据分析，这是为工业公司直接产生效益的步骤。对于已收集到的丰富的数据，可以运用计算领域成熟的数据处理和分析技术进行分析，如自然语言处理、运筹学理论、统计分析、机器学习、数据挖掘、专家系统等，最终提炼出有价值的信息。

补充一点，数据分析的重要性可以用近年来这一岗位的平均薪资水平衡量：根据 Robert Half Technology 公布的 2016 Salary Guide，大数据工程师的平均年薪约为 129,500～183,500 美元，远超过很多传统高薪行业从业者的平均年薪。

（4）门派：云计算和云服务

- 入派装备：去亚马逊云平台注册一个免费账号，更专业一点的可以选择 Spark 或 OpenStack，自行搭建云计算和存储平台。

- 门派介绍：

如果说上面介绍的传感器、网络通信和大数据技术是针对单个企业的工业互联网化转型，云计算和云服务技术则是针对整个工业产业的升级改造。众所周知，每个企业的生存都离不开上下游和合作企业，这些企业构成了完整的产业链。在传统工业模式中，产业链内企业互相提供实体产品，从而实现整个链条的运转。相比之下，工业互联网最重要的创新之处在于服务网的建立。"随时随地设计，随时随地制造"理念指导下的工业服务网包括参与厂商、服务架构、商业模型以及服务本身，允许服务供应商通过网络提供服务。服务网将单个工厂连接成完整的增值网络，更有效地组织工业活动。

工业领域的服务网和信息技术领域的云计算殊途同归。后者的定义为"允许随时、便捷、按需访问共享可配置资源的模型"。这些资源，包括网络、服务器、存储、应用、服务等，可以快速地提供和释放，仅需要极小的管理开销和服务供应商交互。简而言之，主流云计算是在网络这个分布式环境中按需提供高度可靠的计算服务。

将云计算应用于工业互联网的方法有两种，其一，就是将信息领域的云计算技术直接应用到工业互联网中；其二，发展"云制造"，即云计算在工业领域的对应版本。

云计算技术的直接应用主要集中在业务流程管理方面，如人力资源、客户关系管理、企业资源计划等。云计算使得这些功能即付即用，并且可以快捷地调整需求，灵活地定制方案。这方面已经存在 Saleforce 和 Model Metrics 等著名的平台及服务供应商。

云制造则源于工业互联网的工业生产背景。在云制造中，分布的资源被封装在云服务中并被集中管理。客户可以根据需求使用云服务，这些服务涵盖了产品设计、制造、测试、管理以及产品生命周期中的所有阶段。云制造服务平台则负责搜索、智能匹配、推荐和执行服务。建立在工业互联网上的云服务系统架构包含三层：虚拟服务层、全局服务层和应用层。这三层面向工业领域中的不同对象，虚拟服务层用于认证、虚拟化以及包装工业资源，面向具有工业资源的供应商；全局服务层用于敏捷动态的组织服务，面向提供服务的企业；应用层则作为终端用户和工业云资源的交互接口，面向终端服务用户。在云制造的背景下，通过灵活地组织各个企业间的服务，我们才能够实现产品的个性化定制。

传感网、网络通信、大数据、云计算……过去，世界上最大的计算设备仅服务于政府、大型公司和研究实验室，而现在，你只需要一台计算机就可以进入到这个工业帝国，打造属于你自己的那件艺术品。

作为一名伪艺术爱好者，我在西班牙和法国参观毕加索（Pablo Picasso）故居和纪念馆，受到的震撼并不来自于那些我没有看懂的画作，而是挂在墙上的那句话：画家的工作间是一个实验室。如果不能深刻理解这句话，就无法理解毕加索后期的每一幅作品，其实都是一个艺术科学的实验。在未来的工业世界，我们也许更应该把"工人"称呼为"艺术家"，工厂，是他们尝试将设计思想付诸实践的实验室。

一个参观者曾向毕加索抱怨无法理解那些作品画的是什么，毕加索微笑着请他到画室外喝咖啡，"您觉得树上这鸟叫得好听吗？""太好听了，简直是天籁之音！""我也这么认为，那您听懂它叫的是什么了吗？"（图 5-9）。

图 5-9　毕加索的鸟叫逻辑

INTERNET OF EVERYTHING
FOR NEW INDUSTRIAL REVOLUTION

第六章

你能想象十年后的生活吗

不管是无人机还是自动驾驶，不管是口袋医生还是共享单车，技术的进步正在改变人类的认知方式。那么，是我们推动了科技，还是科技在改变我们？

快递小哥和无人机，你选谁

刘强东一直没有忘记自己是一名江苏人。这一点，不是从他的英文口音中听出，也不是从他"娶妻就娶本地人"的婚嫁观中看出，而是从京东在其老家江苏宿迁首次进行了无人机送货实验中得到了验证。

在 2016 年京东 618 启动大会上，刘强东放出豪言，声称要在 1 年内，让京东的无人机送货覆盖范围从 23 万个村庄扩展到 42 万个村庄，用无人机解决农村最后一公里的问题；10 年内，全部用无人快递汽车送货。他壮志凌云道："为此京东成立了 JDX 实验室，专门研发无人机、无人驾驶汽车在内的智慧物流。"

无人机配送就是智慧物流吗？

在电子商务领域，京东商城的物流速度在国内算是首屈一指，其"当日达"和"次日达"，至今无人超越。京东物流的效率优化在下单之前就已经开始了。以冰箱为例，假设在某时段内有 10 人浏览过某冰箱商品，通过对历史大数据和用户行为的分析，可以估算出这 10 个人中有几个人会最终完成下单操作，即便是当时没有购买，京东已开始提前进行货物调度，以便在真正下单后，能够以最快的速度送达客户家中。当然，这其中并非所有人都会最终购买，提前的调度会造成一定程度的浪费，但是总体效益得到了有效提升。

在中间运输环节，随着车联网和无人机技术的发展，如果能把运输的数据实时接入网络，为整个运输系统的分析和优化提供依据，那么运送效率一定会大大提高。

其实物联网（Internet of Things）的概念，最早就是搞物流的人提出来的。美国人最早意识到科技进步对于物流的影响巨大而深远。图 6-1 显示了 2004 年国际物流与外包经费支

	人口（亿）	GDP（万亿）	物流费用（十亿）	物流GDP占比	外包物流费用（十亿）	外包物流占比
美国	4	11	939	9%	77	8.2%
欧洲	5	10	900	9%	68	7.5%
亚太	6	5	600	12%	30	5.0%
中国	13	1	230	23%	5	2.2%
全球	61	31	3500	11%	197	5.6%

图 6-1　2004 年国际物流与外包经费支出

（数据来源：Armstrong & Associates, Cass Information Monetary Fund, Mercer Management Consulting, Organization for Economic Cooperation and Development, The World Bank Group, Robert W. Baird & Co. Estimates (J. Langley, 2004)）

出，从物流占 GDP 的比例就可以看出来。我们国家的物流成本占比居然比世界平均值还要高出一倍！

在港口运输领域，德国的汉堡港作为欧洲第二大港口，有着一亿四千万吨的吞吐能力（图 6-2）。港口最大的痛点，即集装箱到港之后，如何合理地安排卡车的运输，把货物快速运走。如果这个问题解决不了，就会导致很多集装箱积压在港口，对客户、货物本身都有很大的影响。当然，要解决这个问题有一系列环节需要协调，包括货物卸载，运输调度、卡车与轮船的交互，卡车与卡车之间的交互，以及一些易变质货物对运输时间的严格要求等。汉堡港安装了大量的道路传感器用于交通监测，通过雷达和自动识别系统来定位航运

图 6-2　欧洲第二大港口-汉堡港（图片源于网络）

船舶，通过智能集装箱对货物状态进行监测，借助大量的数字指示信号和各类移动应用为司机提供实时的交通和停泊信息，从而大幅提升了港口的运转效率。

航空运输领域大家最为熟知的环节就是等待行李分拣的漫长过程了，更可怕的是如果行李被分拣到错误的航班，那就只能祈祷遇到一场浪漫的邂逅了。

在海南航空，来自清华大学的科研团队将物联网技术与航空行李业务结合，通过在航空行李条中嵌入无源射频识别（RFID）标签（图 6-3），并对射频信号进行解析，实现了精准的行李目标定位以及从行李托运、传送、分拣直至装机运输的全生命周期管理，大幅提升了机场的运转效率，降低了分拣误差率。其中使用的基于差分增强全息图（Differential Augmented Hologram）的实时定位技术，定位精度已提升至毫米级，居世界领先地位。而这样的技术突破，也将会给物流和制造等行业带来全新的信息视角（图 6-4）。

但是不得不说，现如今，有无人机的地方就有关注度。京东通过"无人机"这张牌，在工业 4.0 的时代，搭着"智慧物流"的理念，成功地登上了头条。

但物流并不止局限于运输环节，仓储和最终交付同样重要。所谓"智慧物流"，其真正所向，是指通过物联网技术实现更加细粒度的状态监控。

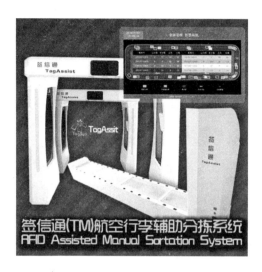

图 6-3　清华大学研发的 RFID 行李分拣系统

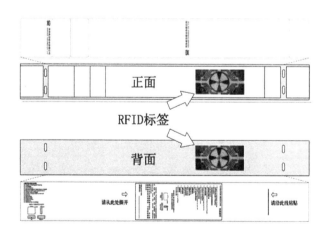

图 6-4　RFID 行李条

货物、设备和人，所有的状态信息不再以孤岛形式存在，而是通过移动互联网的数据通道，汇总到云端的数据中心，再借助大数据技术完成实时处理和优化分析，提升系统的智能水平。对于物流业而言，仓储、中间运输和最终交付在内的整个价值链条都将因此而受益。

　　说完运输，我们回头来看仓储管理。在仓储管理中，订单的快速履行是一个数十亿美元的市场。传统的做法要么追求高度的自动化，但是这种方法的环境适应能力较差；要么依赖人力收集货物，这种方法虽然适应性很强，但是不够高效。

　　来自亚马逊公司的机器人解决方案 Kiva Systems，采用了一种全新的方式。在我们的印象里的仓库，肯定是货物整齐地码放在固定的货架上，但是在 Kiva Systems 的仓库里，你看到的只有移动的货架和站立在固定出口的工人。

　　移动的货架？没错！当顾客在网站将购物车里的商品完成下单后，新的订单就会下达到指定的仓库，系统还会检索到相应的货物存放在哪些货架上，之后下达履行指令，机器人搬运工就会来到货架下面，"扛起"便走，奔向集合地点，工人所需要做的，只是从"自动"来到眼前的货架上取下货物即可（图6-5）。当然，每个机器人都拥有一定的环境适应能力，知道自己怎么到达目标地点，相互见面了还会"打招呼"，以防止相互碰撞。

图 6-5　亚马逊的 Kiva Systems 仓库机器人系统（图片源于网络）

想象一下，当你站在这样的仓库，满眼全是忙碌的机器人兄弟，他们高效协作，又不知疲倦，是不是会有种来到未来世界的感觉。

高效的仓储管理，永远是没有最好只有更好。也难怪行业专家对亚马逊的商业内涵评价是：披着零售外衣的物流公司。

最后，我们不得不提一下快递业之父 UPS 联合包裹服务公司，这个成立于 1907 年的"老字号"就如同生物进化一般与时俱进，不断进行自我调整。UPS 平均每年投资 10 多亿美元建设技术基础设施。除在亚特兰大设立了全球数据中心，UPS 还建设了长达 50 万英里的 UPSnet 全球电子数据通信网络。

十多年前，我参与国家邮运指挥调度系统设计的时候特意去参观过 UPS 的分拣场地和综合调度系统，其精细分拣、信息互通和高度自动化让我非常震撼。如今，UPS 的技术触手已经从小型手提式装置伸到了用特别设计的包裹递送车辆，并联结了全球计算机及通信系统。

举个例子，几乎每个穿深色制服的 UPS 送货司机会随身配备一个小小的 DIAD（Delivery Information Acquisition Device，交货信息采集装备）写字板，通过无线数据传输系统，在读取信息的同时将数据传输到 UPS 的数据网络中。当收货人在电子写字板上签收货物时，所有的信息会即时传到 UPS 庞大的电子追踪系统中，与此同时发货人就可以在网上查到这些信息，并且可以看到收货人的签名。通过 DIAD，还可以将道路交通情况和什么地方有客户需要上门收货等信息传达到司机。即便有几十年的地面运输经验，UPS 还是依靠全球定位系统，结合派送货物的数量来规划每个司机的送货线路。工厂方面，货物从进入仓库到分拣一直到全部运出，只有寥寥几个工人，已实现了相当全面的自动化和信息化。

相比而言，国内的物流市场还存在着经营分散、运输网络落后、缺乏有效信息管理等问题，就拿冷链物流来说，2015 年，我国果蔬、肉类和水产品的冷藏运输率分别为

30%，50%和65%左右，腐损率为15%，8%和10%左右，而美国等发达国家这一数据仅有5%。

如果基础设施不做好，无人机恐怕也只能成为空中的一片"筋斗云"吧。"单从技术角度上说，我国物流业在世界上的相对水平和我国足球差不多"，一位资深物流专家朋友在和我一起看完国足0∶2败给乌兹别克斯坦之后，猛喝了一大扎啤酒后感慨道。

把医生放进口袋

要问这个世界上最神秘的部门是什么，你可能会答：中情局CIA呗。

当然，也有人说是"有关部门"。

我给出的答案是一个位处美国加利福尼亚州旧金山湾区某处的实验室。该实验室的机密程度堪比CIA，在其中工作的人，都是各大高科技公司、高校和科研院的顶级专家，不分国籍，不分肤色，不分语种。

这个实验室就是号称要改变世界，诞生了谷歌眼镜和无人驾驶汽车的Google X（官方的写法是Google [x]）。它只有两处地点，一处位于Google总部园区，作后勤用，另一处不知道具体地点，供机器人使用。正如谷歌的工程师与科学家所说,它只孕育那些成功率只有百万分之一的科学实验,这需要巨额的资金、长期的信心,以及"摔坏东西"的意愿。

这个黑科技集结号的创办可以追溯到 2005 年,当时的 Google 联合创始人拉里·佩奇(Larry Page)首次同斯坦福大学的塞巴斯蒂安·杜伦(Sebastian Thrun)在无人驾驶车大赛(Darpa Grand Challenge)上碰面,杜伦正带着他的研究生努力让一部自动驾驶汽车完成莫哈维沙漠中的 7 英里障碍赛。

杜伦是一个对学术界的发展失去了信心的 Crazy Scientist,他认为大学里的教授们热衷于写论文而非发明创造实在是一件不可思议的事情。大赛上他和佩奇一见如故,相见恨晚,于是毅然辞职,加入了谷歌。

他于 2009 年初在谷歌开始了自动驾驶汽车项目。佩奇给了他一个目标:打造一部可以在加利福尼亚高速公路以及曲折的城市街道上能无差错行驶 1000 英里的自动汽车。杜伦和他的 12 人团队在 15 个月内达到了这一目标。他们的汽车成功地穿梭在洛杉矶和硅谷的拥堵街道上,以及旧金山奥克兰海湾大桥的下面(在那里汽车无法接收 GPS 信号)。

由于进展超出预期,杜伦、佩奇和谢尔盖·布林开始讨论将这个项目拓展为一个完备的实验室。

在杜伦看来,企业实验室就像操练场,适合那些执迷于科技幻想的人,并能实现人才流动。他自己曾认真地考虑过将这个新的事业部称为谷歌研究院（Google Research Institute），但又觉得这个名字太土，最后想出了［x］这么一个后缀。他说，X 就是个占位符，一个可以在以后赋值的变量。

继无人驾驶汽车之后，谷歌眼镜是 Google X 的第二个项目。巴巴克·帕尔维兹（Babak Parviz），这位华盛顿大学电子系教授，凭借自己一篇关于隐形眼镜内置电路的论文吸引了布林和佩奇的注意。他在论文中写到，这个设备可以在佩戴者的眼睛中投射影像。总之，通过杜伦的实验室，任何脑洞大开的想法都有成为现实的可能。第一部谷歌眼镜是一个重达 10 磅（相当于 4.5 公斤）的头戴式显示设备，后面还连着许多电线，一直连到佩戴者腰部系着的一个盒子上（图 6-6）。

美国人显然无法接受自己成为"大头娃娃"，经过不断地迭代，最新的谷歌眼镜的重量终于和普通眼镜相当，而且看着也比较正常。2014 年 7 月 15 日，谷歌还宣布将与瑞士诺华制药（Novartis）合作，进一步开发智能隐形眼镜。

在一般人眼里，谷歌眼镜能用到的地方可能就是像《名侦探柯南》里那样实现偷拍和追踪，但它真正的意义是对一些基础领域的改变。

比如说，医疗行业。

在对人体健康的漫长探索中，人类的医疗方式经历了两

图 6-6　Google X 项目

个阶段。

　　第一个阶段是以中医为代表的传统医学，主要通过"望、闻、问、切"的方法，医生根据经验，对病人的外在病症进行分析，来解决身体的疾病问题。虽然中医的历史作用不可忽略，但是因为没有量化的标准，对医生的个人经验又高度依赖，因此很难大规模传播。

　　第二个阶段则是以西方医学为代表的现代医疗，借助各种医疗设备，通过对身体各项指标的测量，按照一定的诊疗标准，结合医生自己的判断，给出治疗方案。虽然现代医学对于人类整体健康水平的提高居功至伟，但是仍然不够完善。比如，目前针对各种疾病的诊疗方案，其统计意义都是没有问题的，但是人体毕竟是个复杂系统，个体差异性必然存在，因此在面对这种差异性的时候，医生的经验判断尤为关键。

所以现在医生所做的事，说白了，还是个手艺活。见多识广，经验丰富，诊断才更为靠谱。另一方面，病人和医生的联系，借用工业界的说法，是"故障驱动型"的，也就是有病才去进行治疗，很少有人能够请得起私人医生，全天候地对身体情况进行分析判断，及时发现身体可能出现的问题。

伴随着谷歌眼镜这种类似产品的出现与不断完善，工业4.0时代的医疗也将进入一个新阶段（图6-7）。

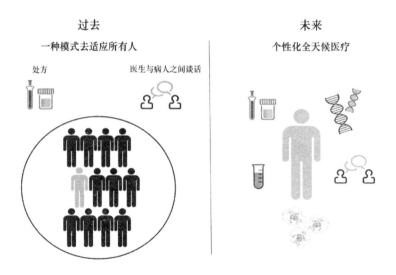

图 6-7　医疗方式的变迁

首先，是增强体验。2014 年 9 月，Wearable Intelligence（WI）开发了可穿戴设备软件，该软件能将数据即时呈现在医疗和能源行业工作人员眼前。WI 称自己的技术能在 Google Glass 上显示任何类型的临床数据，包括直接从电子健康记录系统获取的数据。它还能实时显示重要器官数据流（如病人的心率）、报警信息、意外情况和错误通知。在医院中，可穿戴设备能向医生显示病人名单、房间号码、病人姓名、主要症状、责任医师和实验数据等信息。病人的实验结果出来后，系统还能向医生推送信息。另一个基于谷歌眼镜的有趣的应用程序是用于记录手术过程。在医院，医生带着谷歌眼镜为患者看病，以第一人称视角将手术操作画面呈现给学生，实现医疗教育（图 6-8）。

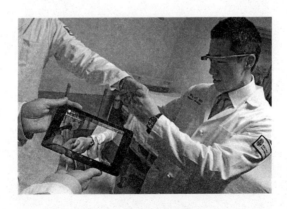

图 6-8　谷歌眼镜用于医疗教育：医生看见什么，学生就看见什么

其次，是数据化。在过去，尽管大量的医疗信息系统中积累了海量的医疗信息，但是这些信息通常都是以手写文本

等非结构化数据的形式存在的，无法直接拿来使用。而现在，随着机器翻译技术的成熟，这些文本数据也可以"流入"大数据分析平台的数据池，就像自然语言处理技术的语料库一样，为大数据时代的虚拟医生提升训练样本。

根据市场咨询公司 Marketsand Markets 的报告显示，全球医疗领域的自然语言处理业务在 2015 年的规模是 10 亿美元，而这一市场到 2020 年将上升至 26.7 亿美元。

然后，通过利用各类可穿戴设备、胶囊机器人和可植入芯片等设备，就能够为人体建立一个完整的身体传感系统，感知各项身体指标，包括动态、静态的生命体态特征，以及行为习惯、生活方式等，并将其接入网络，在身体之外的虚拟网络空间，以数字化的方式对身体状态进行全息的呈现。在此基础上，大数据技术还可以基于大规模人群数据，来识别整体趋势和个体差异，并通过分析个人历史数据来发现异常，向用户提供科学的指导意见。

多说一句，大数据技术的完善也让"中医党"们看到了希望：尽管中医现在从生物医学角度还很难回答"为什么"，但是借助大数据的理念与技术方法，却可以从对人的健康状态整体调节的角度很好地回答"是什么"，利用大数据的手段说不定可以解释中医背后隐含的深刻规律。比如说，我母亲动不动就说我不能吃 3 个以上荔枝或者是几个橘子，经常当着我孩子的面不顾我好不容易树立起的权威随时按住我剥荔枝的手，理由就是"会上火"（这真的挺让人"上火"）。但是，谁又知道"上火"究竟是个什么鬼？

再有就是私人定制化。前面提到谷歌与诺华制药联手开发智能隐形眼镜，可以帮助糖尿病患者对病情进行私人定制管理。这种眼镜包含一块低功率的微芯片以及一个几乎看不见的、像头发丝一样细的电子电路，这种隐形眼镜是通过眼球表面的泪液随时检测糖尿病患者的血糖水平。

通过对人体数据的分析，过去只有通过医院才能进行健康诊断的情况将会被改变，结合大数据分析技术，就像在制造领域发生的变革一样，将能够给海量患者提供个性化的医疗服务。而以医院为中心的医疗服务模式，也将逐渐转变为以病人为中心的模式，这将会大幅提高病人的满意度。在未来，你的各项身体指标将在云端平台进行实时的分析，然后，你的"随身医生"便会及时给出科学的医疗建议。

总的来说，谷歌眼镜或是同类的升级产品正以三种最不可思议的方式，改变医学的未来：

① 增强外科手术中的现实感；

② 电子医疗记录及床边护理；

③ 自动化个人健康护理。

密西根大学的一位教授更是在一次学术研讨会中提出了

一个让我大吃一惊的"魔幻构想",他说:"我们干脆打造一个三百年的科研计划,在全世界无缝监控五百亿人从生到死每时每刻的所有生理信息。有多少人此后还能生出新疾病呢?五百亿样本,总有一个适合你!"仔细想一想,还真有一定可行性(那医生岂不是失业了)。

从谷歌总部出发,大约走上半英里远,两幢不起眼的双层红砖建筑中就坐落着 Google X。它的正门有一座喷泉,还有几排公司准备的自行车,供员工前往总部。在其中一间建筑中,会议室的窗户全部使用磨砂玻璃。一部搭载了自动驾驶技术的赛车就停在大厅里。这部车实际上没法开;只是个愚人节当天想出来的玩笑。走廊中的一些白板上画着好几代书呆子们的幻想:太空电梯。

太空电梯、悬滑板、隐形传输……这些项目相继夭折,毕竟,改变世界不是一件那么容易的事,哪怕是谷歌眼镜,现在也是硬伤重重,找不到行之有效的商业模式。但是对于谷歌来说,"失败"更像是一种过程或者方法,它正在用自己天马行空般的想象力,从原子的纬度重新设计未来人们生存的方式。

随时待命的修理工

海恩法则是飞机涡轮机的发明者德国人帕布斯·海恩提出的一个在航空界关于飞行安全的法则，该法则指出：每一起严重事故的背后，必然有 29 次轻微事故、300 起未遂先兆以及 1000 起事故隐患（图 6-9）。

图 6-9　海恩法则

今天，我们已经能够制造出各种用途的大型设备，如喷气式飞机的涡轮机组等。这些庞然大物的制造过程十分复杂，因此在产品交付之后必须进行经常性的维护检修，保障其稳定，一旦出现异常，则损失巨大。以商业航空为例，时至今日，大家在乘坐飞机出行时，还会经常遇到因设备故障导致航班延误或取消的情况。且无论多小心，也可能会有空难之类的事情发生，为无数家庭蒙上消之不散的阴影。

　　设备问题的处理，传统的应对是"反应式"的，也就是发现故障再进行处理。就像处理人体的健康问题一样，大病大治，小病小治，对症下药。《鹖冠子·世贤第十六》曾记载这样的故事，魏文王曾求教于名医扁鹊，问其兄弟三人谁的医术最高明。扁鹊认为自己的医术最弱，因为其大哥的医术，在病症没有表现出来之前，就能化解于无形（上医治未病）。其二哥的医术，在病状初起之时，症状尚不明显，就能药到病除（中医治欲病），而自己处理的都是重症患者（下医治已病），与其两位兄长的境界相比，自是逊色不少。

　　如同扁鹊对医术的分级，对于设备检修方法，同样可以分为故障式（大故障能够处理）、状态式（小问题及时发现）和预测式（预测故障发生的趋势）。过去，我们最多只能做到状态式，对于预测式方法是"渴"望而不可及，但在未来的"智联世界"，有些改变正在逐步发生。

　　物联网和大数据技术的发展为人类实现了与设备之间的无界沟通，每个设备不再是冷冰冰的机器，而是一个能够通过网络连接，实时传输内部数据的网络节点。设备在交付使用之后，提供商可以提供持续的运行状态监测服务，通过对设备数据的分析，为设备运行和故障检修提供优化的作业安排。

　　这将会改变未来的行业生态：设备生厂商会转变为服务

提供商，负责设备的安装和维护，形成自己的闭环业务链条，而运营商将购买透明化的设备服务，只需要关心对终端客户的服务优化，无须再关心设备的维护和检修等后台业务。

传统的设备维护，受限于 CPS 和海量数据处理技术的滞后，既无法获得设备全方位的内部实时数据，也不易对复杂设备的内部数据进行快速准确的分析，使得设备维护水平始终停滞不前。如今，互联网时代催生的云计算和大数据处理技术，成功地解决了海量数据的存储和处理，并可根据业务需要进行计算能力的弹性分配。与此同时，在传感器插上了通信的翅膀之后，物联网技术也是一飞冲天，可以说是"只有想不到，没有感不到"。

在风力发电领域，作为一名负责发电机组维修的工作人员，未来的工作可能是这样的：你把工作车停泊在辽阔的大草原上，正在欣赏着无边的风景（图 6-10），就在这时，系统发来信息，提示在未来的某个时刻，你附近的某个发电设备由于器件老化的原因，设备发生故障的概率已超出警戒线，必须对部分模块进行替换处理。系统同时已经根据你所处的位置规划好了路线，希望你能够即刻驱车前往；与此同时，用于替换的设备已经在运输的途中，将与你几乎同时到达指定地点。而将要进行维修的发电设备也已经提前进行了规划，预设了停转时间，以便配合维修工作的开展，整个过程将实现无缝衔接。

图 6-10　风力发电（图片源于网络）

过去，由于突发性的故障问题导致的航班延误事件，也会随着工业 4.0 时代的到来而大量减少。内置传感器和通信网络的互联会让大数据分析平台获得设备内部的实时数据，一方面与历史故障数据进行模式匹配，另一方面与同批次的设备进行横向对比。由此，异常点将会被及时发现，并提前对航班计划进行调整。

为了应对突发的设备故障问题，公司往往需要准备大量的配件库存。而在未来，这种情况同样会大幅改善。预测性维护时代的到来，将有可能造就零库存的业界神话。据 SAP 公司介绍，一家生产飞机零部件的大公司在采用其提供的预测性维修系统后，库存费用节省了 200 万美元，在生产流程方面缩短了 25% 的时间，降低了 30% 的组装库存水平，并减少了 40% 的加班费用。

国内，东方航空公司已经进行了尝试。他们使用工业互联网平台搜集了 500 多台 CFM56 发动机的高压涡轮叶片保修数据，结合远程诊断纪录和第三方数据，建立了叶片损伤分析预测模型。从前，需要把微型摄像头伸入发动机内进行检查。现在，只要根据数据分析平台上的结果就可以预测发动机的运行情况，定制科学的重复检查间隔，从而提升运营效率。

从资产的被动式维护，到主动式自检，再到运营的全局优化配置，技术的进步将改变人类的认知方式，并将最终改变人类世界的运行规则。

是我们推动了科技，还是科技在改变我们？不管是哪一种，你已经离不开它了。

INTERNET OF EVERYTHING
FOR NEW INDUSTRIAL REVOLUTION

结 语

开启智慧的革命

2007 年接近春节，我和我的博士生李默还在郁闷于 Infocom 投稿通通沦陷的时候，听说图灵奖得主、关系数据库的创始人吉姆·格雷（Jim Gray）突然在海上消失。

Jim Gray 留给我们一个演讲记录，*The Fourth Paradigm：Data-Intensive Scientific Discovery*（《第四范式：数据密集型科学发现》），把人类科学的发展定义为四个"范式"。

这是很有意思的一个分类方法。我的理解是，第一范式是从好几千年前就开始的，以记录现象形成经验为主的"实验指导实践"阶段。关于中国，有个著名的李约瑟（Joseph Needham）难题，李约瑟在《中国科学技术史》中反思为什么现代科学没有在近代中国发生，直白地说，中国是怎么落后的？这个问题引发了无数讨论，我想也许是因为我们一直没有走出这个"第一范式"。从我们宣扬的纪昌学箭到所谓的少林七十二绝技，强调的都不是为什么要这么做而仅仅是结论本身（结语图 1）。

直到今天，我国的机场书店比任何其他国家的机场书店都更加充斥着成功学的书籍和成功人士演讲光盘。所有的故事都是一个类似节奏。打个比方吧，一个刚刚中了 500 万彩票的人给你讲他花两块钱买那张带来好运的彩票的心路历程，题目叫作"如何能中 500 万"！他可能告诉你当时口袋里只剩 1 块 5 毛钱，想了想连吃顿饱饭也不够的。到底去买个烧饼充

结语图 1　江湖秘诀之如何练成绝世轻功

饥还是做点不一样的事呢？话说主人公此时其实也没有什么太多选择。但是这时他看了一首诗，嗯，生活不只是眼前的苟且，还有诗和远方。好吧那就投资吧，颇有点"开门郎不至，出门采红莲"的浪漫和冒险。可是发现买个彩票竟然要2元，拼了老底也只有1块5，怎么办？此处省略6个章节，总之经过了借钱失败、抢钱反而被抢、捡钱碰到假币、最后终于办了假身份证贷到5毛钱小额款之后，买到了那张宝贵的2元彩票。故事到此就结束了，只剩一个尾声，反正是中了500万了。当你要照办的时候会发现讲者提到的这些困难还真是不容易克服，而且他确实没有撒谎。但关键是即使你都克服了，真正困难在于：买到了 2 元彩票就中了 500 万吗？谁真的信了就"图样图森破"了。以上状况几乎适合所有"武功秘籍"。

西方国家在几百年前就开始利用模型归纳总结现象，这就成了"第二范式"，我认为叫作"理论指导实践"。比如牛顿三定律，这是最有代表意义的。所以现代战争没有人强调每个战士得有多高的武功了，短短几个月的训练就可以保证绝大部分普通人成为一名合格的士兵，不必像射雕英雄传里的裘千仞一样既要根骨清奇还要手插热砂 20 年不辍。19 世纪的英国通过蒸汽机带领整个欧洲进入了机器取代手工的时代。在工厂中，工人开始按照流水线分工各司其职，并用整齐划一的动作提高效率。每一个工厂都是一个整体，从马克思批判性的描述中可以看出，索霍工厂中，博尔顿甚至不允许齿轮和铁锤的声音不一致。在机器的帮助下，在数千万次由正确理论所指导的可重复的简单动作（或者叫劳动）之下，铁路、火车、电报机、锅炉、电话和汽车等相继问世，科技与经济实现腾飞。

艾伦·图灵的天才贡献，使得真正意义的计算机在六七十年前出现，人类科学发展走进了"第三范式"——"计算指导实践"，对复杂现象进行模拟仿真，推演出越来越多复杂的现象。20 年前美国就宣布以后不再试爆真的核武器了，有计算模拟与仿真就够了。

Jim Gray 预言在 2007 年之后不久的将来，随着数据量的高速增长，计算机将不仅仅能做模拟仿真，还能进行分析总结，得到理论。也就是人类科学的"第四范式"——"大数据指导实践"。

网络在这个范式里扮演了一个什么角色呢？具体点儿说，Internet 或者 Internet of Things 扮演了什么角色呢？20 世纪 90 年代初，手机和互联网刚刚进入中国大陆的时候，中国电信对它们的定位是同一部门的两个分支——分别属于"移动网"和"数据网"。这意味着，当时人们认为互联网不过是和手机电话一样，是用于收发邮件，网上聊天的一种通话工具——把嘴说改为打字而已。但是，现在看来，互联网真正的作用不在于通话，而在于互联。

互联会带来什么？协作。人与人的，人与机器的，机器与机器的，有意识的和无意识的。作家丹尼尔·科伊尔（Daniel Coyle）曾提出一个"一万小时定律"，该定律指的是，要想成为某个领域的专家，至少需要经过一万小时的积累。但现在，一个伟大创新从诞生到落地也许不需要某个专家的一万小时，而是一万个人的一小时，甚至是，成千上万人的一分钟。我们前面提到的 Foldit 就是一个很好例子。换句话说，这种协作将逐步超越有形的而到达智慧的层面：广义地说，所谓的智慧，也没有什么不能用数据来表达和使用的！

波普艺术（Popular Art）领袖安迪·沃霍尔曾说过："未来，每个人都有机会当上 15 分钟的名人"。这个"未来"就在眼前，"出名"似乎变得越来越容易，可能是一段有趣的视频，可能是一篇辛辣点评，也可能仅仅是一两句流行的段子。因为广泛的互联（Internet of Everything），汇集了无数"明星"的网络越来越成为一个整体，所有人的精华都凝聚在此：既有 20 年的匠心独运，也有几分钟的灵光一现。就像凯文·凯利曾利用蜂巢思维比喻人类的协作带来的群体的智慧，网络会自动帮我们筛选出最有用、最精华的部分，而这种群智（Crowdsourcing）的协作方式就是网络最大的魅力所在。何况，广义的 Crowdsourcing 不仅仅局限于人或者用户，设备、能量，甚至是各种貌似无用的噪声数据，都可以深度协作。互联超越时间和空间，超越物理和虚拟之间的界限，让协作无所不在。

仔细想想，几乎所有行业都可以搭上网络的顺风车，这种事先不被目标束缚的协作方式必将盛行于更多的领域。非专业化人士的"灵光一现"将会迅速地被大数据计算捕捉下来，通过网络扩散，发挥其长尾效应。而未来的分工也不再是特定的"什么人做什么事"，也许是"什么时间做什么事"，抑或是"什么场景做什么事",甚至"不经意间就做成了那个事"。

工业革命,把农民从土地中解放出来;而网络,把人的创造力从固有的领域中释放出来。非专业人士的专业智慧,也将精神抖擞地走向前台。**那么我们将要面对的,岂止是一场说来就来的新工业革命呢?因为互联,专业与非专业的智慧在大数据平台上融为一体,人类的智慧革命,从此开启。**

参考文献

［1］ 吉尔德.通信革命［M］.上海：上海世纪出版集团,2003.

［2］ 李约瑟.中国科学技术史［M］.北京：科学出版社,1990.

［3］ 赫拉利.人类简史：从动物到上帝［M］.北京：中信出版社,2014.

［4］ 汉森.杀戮与文化［M］.北京：社会科学文献出版社,2015.

［5］ 克里斯坦森.创新者的窘境［M］.北京：中信出版社,2010.

［6］ 霍布斯鲍姆.霍布斯鲍姆年代四部曲·革命的年代（1789—1848）
　　　［M］.北京：中信出版社,2014.

［7］ 霍布斯鲍姆.霍布斯鲍姆年代四部曲·资本的年代（1848—1875）
　　　［M］.北京：中信出版社,2014.

［8］ 霍布斯鲍姆.霍布斯鲍姆年代四部曲·帝国的年代（1875—1914）
　　　［M］.北京：中信出版社,2014.

［9］ 霍布斯鲍姆.霍布斯鲍姆年代四部曲·极端的年代（1914—1991）
　　　［M］.北京：中信出版社,2014.

［10］ 哈耶.通往奴役之路［M］.北京：中国社会科学出版社,1997.

［11］ 康德.纯粹理性批判［M］.北京：人民出版社,2004.

［12］ 叔本华.作为意志和表象的世界［M］.北京：商务印书馆,1982.

［13］ 刘云浩.物联网导论［M］.2 版.北京：科学出版社,2013.

[14] 舍恩伯格,库克耶.大数据时代：生活、工作与思维的大变革[M].盛杨燕,周涛,译.杭州：浙江人民出版社,2012.

[15] 科尔曼,雷瑟尔森,李维斯特,等.算法导论(原书第3版)[M].北京：机械工业出版社,2012.

[16] 周志华.机器学习[M].北京：清华大学出版社,2016.

[17] 徐恪,王勇,李沁.赛博新经济：“互联网＋”的新经济时代[M].北京：清华大学出版社,2016.

[18] 杨铮,吴陈沭,刘云浩.位置计算：无线网络定位与可定位性[M].北京：清华大学出版社,2014.

[19] 森德勒.工业4.0：即将来袭的第四次工业革命[M].邓敏,李现民,译.北京：机械工业出版社,2014.

[20] KUROSE J F, ROSS K W. Computer Networking: a Top-Down Approach[M]. Boston: Addison Wesley, 2007.

[21] ILYAS M, MAHGOUB I. Smart Dust: Sensor Network Applications, Architecture and Design[M]. Boca Raton: CRC press, 2016.

[22] ALASDAIR G. Industry 4.0: The Industrial Internet of Things [M]. New York: Apress, 2016.

[23] BRYNJOLFSSON E, MCAFEE A. The Second Machine Age: Work, Progress, and Prosperity in a Time of Brilliant Technologies [M]. New York: WW Norton & Company, 2014.

[24] WEINBERGER D. Rethinking Knowledge Now That the Facts Aren't the Facts, Experts Are Everywhere, and the Smartest Person

in the Room Is the Room[M]. New York: Basic Books, 2012.

[25] Industrie 4.0 Working Group. Recommendations for Implementing the Strategic Initiative INDUSTRIE 4.0. Final Report[R]. GE, 2013.

[26] EVANS P C, ANNUNZIATA M. Industrial Internet: Pushing the Boundaries of Minds and Machines[R]. GE, 2012.

[27] DAUGHERTY P, BANERJEE P, NEGM W, et al. Driving Unconventional Growth through the Industrial Internet of Things [C]. New York: Accenture, 2014.

[28] ZUEHLKE D. SmartFactory-Towards a Factory-of-Things. Annual Reviews in Control[J], 2010,34(1): 129-138.

[29] MACDOUGALL W. Industrie 4.0: Smart Manufacturing for the Future[R]. Germany Trade & Invest, 2014.

[30] ADOLPHS P, BEDENBENDER H, DIRZUS D, et al. Reference Architecture Model Industrie 4.0 (RAMI4.0)[R]. ZVEI and VDI, Status Report, 2015.

[31] Industrial Internet Consortium. The Industrial Internet Reference Architecture Technical Paper[R]. Retrieved in April, 2016.

[32] SADEGHI A R, WACHSMANN C, WAIDNER M. Security and Privacy Challenges in Industrial Internet of Things[C]. In Proceedings of the 52nd ACM/EDAC/IEEE Design Automation Conference (DAC) 2015.

[33] O'HALLORAN D, KVOCHKO E. Industrial Internet of Things:

Unleashing the Potential of Connected Products and Services[R].
World Economic Forum, 2015.

[34] WEISER M. The Computer for the 21st Century[J]. Scientific
American, 1991, 265(3):94-104.

[35] HOWE J. The Rise of Crowdsourcing[J]. Wired Magazine, 2006,
14(6): 1-4.

[36] ANHAI D, RAMAKRISHNAN R, HALEVY A Y. Crowdsourcing
Systems on the World-Wide Web[J]. Communications of the ACM,
2011, 54(4): 86-96.

[37] WU C S, YANG Z, LIU Y H. Smartphones Based Crowdsourcing
for Indoor Localization[J]. IEEE Transactions on Mobile Computing
(TMC), 2015, 14: 444-457.

[38] ZHANG X L, YANG Z, SUN W, et al. Incentives for Mobile
Crowd Sensing: A Survey[J]. IEEE Communications Surveys and
Tutorials, 2016, 18: 54-67.

[39] AGUAYO D, BICKET J, BISWAS S, et al. Link-level
Measurements from an 802.11b Mesh Network[C]. In Proceedings of
the ACM SIGCOMM 2004.

[40] BICKET J, AGUAYO D, BISWAS S, et al. Architecture and
Evaluation of an Unplanned 802.11b Mesh Network[C]. In
Proceedings of the ACM MobiCom 2005.

[41] LIU Y H, MAO X F, HE Y, et al. CitySee: Not Only a Wireless

Sensor Network[J]. IEEE Network, 2013, 27(5): 42-47.

[42] LIU Y H, HE Y, LI M, et al. Does Wireless Sensor Network Scale? A Measurement Study on GreenOrbs[J]. IEEE Transactions on Parallel and Distributed Systems (TPDS), 2013, 24(10): 1983-1993.

[43] SZEWCZYK R, MAINWARING A, POLASTRE J, et al. An Analysis of a Large Scale Habitat Monitoring Application[C]. In Proceedings of the ACM SenSys 2004.

[44] YANG Z, WU C S, ZHOU Z M, et al. Mobility Increases Localizability: A Survey on Wireless Indoor Localization Using Inertial Sensors[J]. ACM Computing Surveys, 2015, 47(54).

[45] SHANGGUAN L F, YANG Z, LIU A X, et al. Relative Localization of RFID Tags Using Spatial-Temporal Phase Profiling [C]. In Proceedings of the USENIX NSDI 2015.

[46] YANG L, CHEN Y K, LI X Y, et al. Tagoram: Real-Time Tracking of Mobile RFID Tags to Millimeter-Level Accuracy Using COTS Devices[C]. In Proceedings of the ACM MobiCom 2014.

[47] WANG H, LAI T TT, CHOUDHURY R R. MoLe: Motion Leaks through Smartwatch Sensors[C]. In Proceedings of the ACM MobiCom 2015.

[48] YANG L, LI Y, LIN Q Z, et al. Making Sense of Mechanical Vibration Period with Sub-millisecond Accuracy Using Backscatter

Signals[C]. In Proceedings of the ACM MobiCom 2016.

[49] GEORGIEV P, LANE N D, RACHURI K K, et al. LEO: Scheduling Sensor Inference Algorithms across Heterogeneous Mobile Processors and Network Resources[C]. In Proceedings of the ACM MobiCom 2016.

[50] ZHANG P, HU P, PASIKANTI V, et al. EkhoNet: High Speed Ultra Low-Power Backscatter for Next Generation Sensors[C]. In Proceedings of the ACM MobiCom 2014.

[51] ZHOU Z M, WU C S, YANG Z, LIU Y H. Sensorless Sensing with Wi-Fi[J]. Tsinghua Science and Technology, 2015, 20(1): 1-6.

[52] YANG Z, ZHOU Z M, LIU Y H. From RSSI to CSI: Indoor Localization via Channel Response[J]. ACM Computing Surveys, 2014, 46(2).

[53] ADIB F, KATABI D. See Through Walls with Wi-Fi[C]. In Proceedings of the ACM SIGCOMM 2013.

[54] WEI T, ZHANG X Y. mTrack: High-Precision Passive Tracking Using Millimeter Wave Radios[C]. In Proceedings of the ACM MobiCom 2015.

[55] WEI T, ZHANG X Y. Gyro in the Air: Tracking 3D Orientation of Batteryless Internet-of-Things[C]. In Proceedings of the ACM MobiCom 2016.

[56] KELLOGG B, PARKS A, GOLLAKOTA S, et al. Wi-Fi Backscatter: Internet Connectivity for RF-Powered Devices[C]. In

Proceedings of the ACM SIGCOMM 2014.

[57] IYER V, TALLA V, KELLOGG B, et al. Inter-Technology Backscatter: Towards Internet Connectivity for Implanted Devices [C]. In Proceedings of the ACM SIGCOMM 2016.

[58] GUPTA A, MACDAVID R, BIRKNER R, et al. An Industrial-Scale Software Defined Internet Exchange Point[C]. In Proceedings of the USENIX NSDI 2016.

[59] CZYZ J, ALLMAN M, ZHANG J, et al. Measuring IPv6 Adoption[C]. In Proceedings of the ACM SIGCOMM 2014.

[60] ZHU Y, ZHOU X, ZHANG Z, et al. Cutting the Cord: a Robust Wireless Facilities Network for Data Centers[C]. In Proceedings of the ACM MobiCom 2014.

[61] ZHENG L, JOE-WONG C, TAN C W, et al. How to Bid the Cloud[C]. In Proceedings of the ACM SIGCOMM 2015.

[62] BHAUMIK S, CHANDRABOSE S P, JATAPROLU M K, et al. CloudIQ: a Framework for Processing Base Stations in a Data Center[C]. In Proceedings of the ACM MobiCom 2012.

[63] POPA L, YALAGANDULA P, BANERJEE S, et al. ElasticSwitch: Practical Work-Conserving Bandwidth Guarantees for Cloud Computing [C]. In Proceedings of the ACM SIGCOMM 2013.

[64] PATEL P, BANSAL D, YUAN L H, et al. Ananta: Cloud Scale Load Balancing[C]. In Proceedings of the ACM SIGCOMM 2013.